Der, Die, Das

I segreti del genere nella lingua tedesca

Constantin
Vayenas

Constantin Vayenas
Der, Die, Das: The Secrets of German Gender

Una copia di questo libro è disponibile presso la Biblioteca nazionale svizzera nei cataloghi di libri Svizzeri e Helveticat. Entrambi i cataloghi sono disponibili online (www.nb.admin.ch).

Traduzione all'Italiano a cura di Marco Federici e Sofia Bellelli.
Ringraziamenti: Stefano Bressan e Patricia Laura Bonasegna

ISBN 978-3-9524810-3-5

SOMMARIO

Introduzione

Una delle sfide più grandi per coloro che vogliono parlare il tedesco correttamente è rappresentata dal fatto che molto spesso non si conosce il genere dei nomi. Considerato che questa categoria rappresenta oltre il 70 per cento delle parole in lingua tedesca[1], lo scoglio non è affatto di poco conto. Se in più teniamo conto del fatto che gli articoli – *der, die, das* – sono le parole più frequentemente utilizzate sia nel parlato che nello scritto[2], non essere in grado di individuare il genere dei nomi, in modo da essere o almeno sembrare fluenti nella lingua, può essere fonte di grandi frustrazioni. Quando si sono investite molte ore nel costruire e migliorare le proprie competenze linguistiche appare chiaro che attribuire il genere sbagliato a un sostantivo può farci sembrare non sufficientemente istruiti e distrae l'attenzione del nostro interlocutore dal messaggio principale.

Ma cosa rende il genere dei nomi in tedesco così difficile per chi non è madrelingua? Ci sono due ragioni principali. La prima è che, nei corsi di lingua, il genere non viene insegnato. I libri di grammatica tedesca lo evitano. Non trattandosi di dizionari, le grammatiche non si sentono in dovere di spiegare le relazioni tra il genere e il nome. Questo è il lavoro di qualcun altro, ma non il loro[3]. Già nel XIX secolo, Mark Twain rilevava gli stessi problemi con i suoi insegnanti di tedesco: "Ogni nome ha un genere e non vi è alcun senso nell'attribuzione o sistema di distribuzione; il genere di ciascuno deve essere appreso separatamente o imparato a memoria. Non c'è altra soluzione".[4]

Sostanzialmente, ciò che viene richiesto agli studenti di tedesco è di memorizzare il dizionario. Questo messaggio di amore incondizionato si basava sulla visione, condivisa anche dagli insegnanti di Twain, che l'attribuzione di un genere ai nomi fosse essenzialmente arbitraria. Stando così le cose, non c'era modo di fornire agli studenti non madrelingua alcun tipo di aiuto intuitivo sull'argomento.[5]

Poi, finalmente, giunse l'epoca dei computer e la loro capacità di analizzare grandi quantitativi di dati. Gli specialisti della lingua hanno cominciato a scandagliare il dizionario tedesco con l'aiuto di software e a scrivere dottorati di ricerca sull'argomento. I risultati di questo lavoro sono rivoluzionari.[6] In sostanza, questi studi dimostrano che l'attribuzione di un genere ad un nome non è poi così casuale. E più l'analisi si andava approfondendo, più schemi venivano scoperti.

Tuttavia, i risultati di tali ricerche non compaiono nelle grammatiche tedesche a causa del fatto che rimane ancora l'idea che questo genere di spiegazioni non spetti ad un libro di grammatica. Questa omissione, a sua volta, indica che queste conoscenze sfuggono agli insegnanti di tedesco e perciò, conseguentemente, non vengono insegnate a coloro che potrebbero maggiormente beneficiarne, vale a dire gli studenti della lingua tedesca. Questo non significa, beninteso, che gli insegnanti di tedesco non sappiano come attribuire un certo articolo ad un nome; piuttosto, a loro non sono mai stati insegnati i principi di come determinare il genere dei nomi. Il problema è del tutto differente, perché fa riferimento alla storia delle parole. Pochi la conoscono. È come chiedere ad un bambino italiano perché per alcuni sostantivi maschili usa l'articolo "il" e per altri l'articolo "lo": saprebbe usarli ma non potrebbe spiegarne la regola. Lo stesso vale per i madrelingua tedeschi: non conoscendo il perché di un genere, non possono nemmeno spiegarcelo. Per questo poi ci dicono: "Non chiedere il perché, memorizza e basta".

Questa considerazione ci conduce dritti alla seconda ragione per cui il genere dei nomi in lingua tedesca è così arduo da padroneggiare. Visto che agli studenti stranieri non viene insegnato come determinare il genere, è necessario che essi trovino qualche altro modo per acquisire tali conoscenze. L'unica altra via sembrerebbe, quindi, quella che viene utilizzata anche dai bambini tedeschi, cioè attraverso un'immersione totale nella lingua. All'età di due anni, i bambini tedeschi sono già in grado di distinguere il genere dei nomi, usando di preferenza l'articolo indefinito (*ein/eine*) piuttosto che quello definito (*der/die/das*).[7] A cinque anni, la loro padronanza del genere dei nomi è piuttosto buona, ma tendono comunque a evitare o omettere l'articolo definito quando non hanno la sicurezza di quale dovrebbe essere utilizzato. A sette anni, sottoposti a test che utilizzano nomi di fantasia per analizzare le loro reazioni, i bambini tedeschi tendono ad attribuire a un nome lo stesso genere attribuito dagli adulti che svolgono lo stesso test.[8][9] Finalmente, a dieci anni, i piccoli tedeschi riescono a gestire completamente il problema del genere dei nomi.

Sembrerebbe quindi che la mente tedesca sia stata 'programmata' per assegnare un certo genere ai nomi, sulla sola base di anni di esperienza. I madrelingua non hanno idea della ragione per cui il loro cervello finisce per attribuire un certo genere a nomi inventati e che tutti gli altri facciano essenzialmente la stessa scelta per gli stessi nomi. Lo fanno e basta. Non sanno spiegare che cosa determina il genere, semplicemente lo sanno.

Questo libro si propone di far familiarizzare gli studenti stranieri della lingua tedesca, compreso tu che stai leggendo, con il 'codice segreto' tramite il quale il cervello tedesco seleziona il genere di un nome per le parole inventate. L'approccio che usiamo è, per così dire, di ingegneria al contrario: se riesci a sapere quali sono gli elementi che determinano il genere dei nomi in tedesco, sarà più facile individuare quello corretto per parole nuove o non familiari. Un'avvertenza è in ogni caso necessaria: questo non è, in ogni caso, il metodo usato dai madrelingua. A loro non è mai è stato richiesto di apprendere il 'codice' per cui il nome ragazza (*Mädchen*) in tedesco non è femminile. Tutto questo, a loro, non è stato insegnato né a casa né sulle grammatiche. Ma dovendoci rassegnare al fatto che, non essendo dei bambini tedeschi, non abbiamo ricevuto la stessa esposizione alla lingua, per non parlare di tutte le altre ore di 'lezione' nell'età adulta; se non vogliamo imparare a memoria l'intero vocabolario per sapere il genere di ogni nome (e non lo vogliamo…), la cosa migliore da fare è cominciare a decifrare questo 'codice segreto', spiegato nelle pagine successive. Le chiavi, o se vogliamo dirlo diversamente, le regole del codice di attribuzione sono fondamentalmente due: le *categorie dei nomi* e i *suoni*.

La prima regola: le categorie

I nomi che appartengono alla stessa *categoria di cose* tendono ad avere lo stesso genere. Di conseguenza, i colori e i nomi dei medicinali e degli elementi chimici saranno neutri, i numeri e i nomi di frutta e fiori saranno femminili, le stagioni, i mesi e i giorni maschili. Se, ad esempio, sai che quasi tutte le bevande sono maschili, avrai acquisito la chiave per attribuire il genere corretto a un cappuccino, a un tè di rooibos, a un vino Merlot e a un succo di mela.[10] Data l'importanza delle categorie per determinare il genere, quando vengono creati nuovi oggetti, i nuovi nomi tendono ad assumere lo stesso genere dei sostantivi che hanno significati simili. Per esempio, quando è stato inventato il telefono cellulare, la nuova parola *das Handy*, ha preso lo stesso genere di *das Telefon* perché appartiene alla stessa categoria di cose.

Le categorie sono rilevanti per individuare il genere di un nome a tal punto che possono essere utilizzate per identificare certi attributi che sono unici per ciascun genere. Il genere neutro tende ad essere quello degli elementi fondamentali della natura (gli atomi, le molecole, i neutroni, e la vita stessa, *das Leben*). Non sorprende, quindi, che siano neutri anche quasi tutti gli elementi della tavola periodica. L'associazione del genere neutro col mondo della fisica si riscontra anche attraverso le cose che esso misura: *das Ampere, das Ohm, das Watt, das Volt, das Newton, das Celsius, das Fahrenheit, das Kelvin, das Kilogramm*.

Il genere neutro è anche quello dei livelli più elevati di classificazione di elementi fisici, come "l'universo" o "gli animali". Un nome neutro si trova infatti molto spesso all'apice della piramide di un 'argomento', come *das Tier*, a cui seguono i singoli nomi di ciascun membro del regno animale. Potrebbe suonare un po' biblico, ma sembrerebbe come se in origine ci fosse 'il neutro' e poi è stato creato tutto il resto. Un altro modo per approcciare questa ricostruzione è attraverso i diagrammi di Venn – gli insiemi a forma di cerchio che si imparano alle scuole elementari. Se applichiamo i diagrammi di Venn al genere in tedesco, il neutro risulterà essere quasi sempre il circolo più esterno, che comprende ogni altra cosa. Come si può notare dalla

Figura 1, se il neutro costituisce tipicamente il cerchio più esterno della categoria di nomi in questione, gli altri componenti della categoria posso appartenere a generi diversi, incluso lo stesso neutro.

Figura 1: Come il neutro sia il genere dei nomi che raggruppano vaste categorie di cose

das Universum (l'universo)

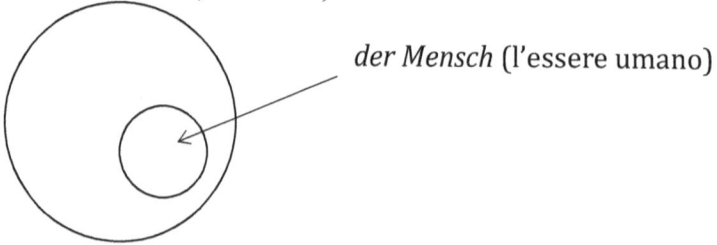

der Mensch (l'essere umano)

das Gesicht (il viso)

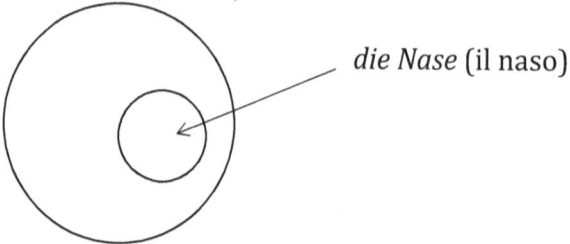

die Nase (il naso)

das Besteck (le posate)

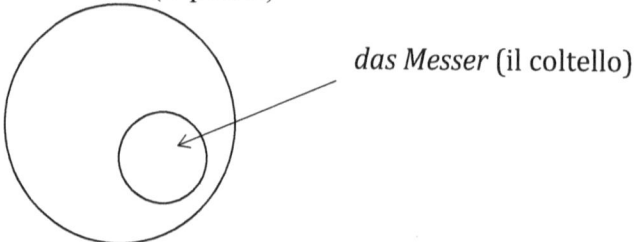

das Messer (il coltello)

Il genere neutro presenta poi ulteriori caratteristiche. Possiamo dire che il neutro abbia un ascendente, o forse un 'potere', su tutti gli altri nomi, visto che tutti i diminutivi assumono automaticamente questo genere. Se, in italiano, Giovanni diventa Giovannino, in tedesco il neutro ha addirittura la capacità di fargli cambiare sesso! È per questo che troviamo *das Hänschen klein* o *das Büblein*, ed è sempre questa la ragione per cui persino *la ragazzina* è al neutro: *das Mädchen*. Questo potere del neutro di armonizzare i sostantivi nel genere è ben visibile anche su molti dei nomi presi in prestito da altre lingue. Diviene facile capire il genere di *Jogging*, *Tennis*, *Poker* e *Croissant* – a tutti spetta l'articolo *das*. Le eccezioni a questa regola, cioè quando un cosiddetto 'prestito' non è neutro, si spiegano col fatto che generalmente già esiste in tedesco, per quello stesso nome, un sostantivo con un genere diverso. Le categorie sono semplificazioni; per questo risulta più semplice inserire la parola straniera in una categoria già esistente.

L'altro potere strabiliante del neutro consiste nell'essere il genere di ultima istanza, la soluzione per tutti i "questo", "questa", "quello", "quella" e "ciò". Si può dire, ad esempio, "Was ist denn *das*?" o "*es* hat mich gefreut", anche quando ci si riferisce a una cosa, una persona o una situazione di qualsiasi genere perché sostituisce, nello specifico, ciò a cui si fa riferimento, sebbene talvolta in modo solamente implicito. Ma nel momento in cui si deve esplicitare il nome, il 'sostituto' neutro diventa un corpo contundente e ritorna il problema di capire il genere di un certo nome.

Passiamo ora alle caratteristiche dei nomi maschili e femminili, che sono ben diverse. Femminili sono *quasi la metà* dei sostantivi tedeschi.[11] Con questo tipo di percentuale, potremmo quasi concludere che, statisticamente, i nomi in tedesco siano femminili o qualcos'altro: circa il 30 per cento sono maschili e il restante 20 per cento sono neutri. Nei fatti, il femminile è un genere a tal punto dominante che un bambino tedesco di cinque anni, se commette un errore di attribuzione del genere a un nome, lo fa attraverso un utilizzo eccessivo del *die*, un chiaro segno che alle sue orecchie arriva più spesso l'articolo femminile piuttosto che *der* o *das*.[12]

6

Se il neutro ha un legame molto forte con il mondo fisico, il femminile tende a essere il genere per i concetti astratti. I numeri, la matematica, alcune forme, alcuni comportamenti, la logica, l'amore e anche la magia sono femminili. La connessione del genere femminile con i numeri gli garantisce un altro 'potere', quello di rendere i nomi al singolare in concetti con un significato plurale – nel gergo tecnico, in nomi collettivi. È questa la ragione per cui *die Mannschaft* è singolare e femminile, anche se generalmente si riferisce a una squadra di uomini.

Cosa fa attribuire a un nome un determinato genere piuttosto che un altro ha sempre incuriosito quelli che cercavano delle risposte. Alla fine dell'Ottocento, i linguisti tedeschi che si interrogavano sulle distinzioni tra nomi maschili e femminili, cercarono le loro risposte indietro nel tempo, fin dove potevano trovare delle prove, analizzando i generi dei nomi greci e latini.[13] Queste due lingue infatti presentavano ugualmente tre generi per i nomi e hanno avuto un'influenza sul tedesco come lo conosciamo oggi. Perché, ad esempio, la parola "caccia", *Jagd*, dovrebbe essere femminile – anche – in tedesco? Sin dai tempi delle caverne, non è stata un'attività prevalentemente maschile? E non lo è ancora ai tempi moderni? Nel cercare possibili risposte attingendo ai Greci e ai Romani, i linguisti di fine Ottocento trovarono delle spiegazioni bizzarre. Era veramente una coincidenza che i due popoli antichi avessero divinità della caccia femminili, Artemide e Diana? Nonostante la caccia fosse un'attività maschile, un uomo poteva pur sempre tornare a casa a mani vuote, senza cibo per la famiglia. Era quindi necessario rispettare la dea della caccia, che sovrintendeva *die Jagd*. La dea era presente in un luogo selvaggio (*die Wildnis*) durante la ricerca (*die Suche*) del cibo (*die Nahrung, die Speise, die Kost*). La Dea era di aiuto quando piombava il buio (*die Finsternis*) e quando era necessaria una rapida fuga (*die Flucht*) dal pericolo (*die Gefahr*). Tutto questo potere (*die Macht*) non poteva che fare della caccia un nome femminile!

In modo piuttosto simile, gli antichi non volevano indispettire gli dei maschili, quelli della guerra, del vino, della ricchezza, del sonno, dei sogni, del cielo, dell'oceano, del vento e della morte – *der Krieg, der Wein, der Reichtum, der Schlaf, der Traum, der Himmel, der Ozean, der Wind, der Tod*. Per la stessa ragione, era

più sicuro invocare le dee – femminili – dell'amore, della bellezza, della saggezza, della giustizia, della forza, della notte, della magia, dell'arte, della scienza, della poesia, della musica, della tragedia, degli inni, della commedia e dell'astronomia – *die Liebe, die Schönheit, die Weisheit, die Gerechtigkeit, die Gewalt, die Nacht, die Magie, die Kunst, die Wissenschaft, die Poesie, die Musik, die Tragödie, die Hymne, die Komödie, die Sternkunde.*
Certo, le tribù germaniche avevano anche le loro esperienze di differenziazione. Sebbene Greci e Romani avessero un dio sole 'uomo', elemento che si conserva ancora in tutte le lingue neolatine e in greco moderno, i Germanici hanno preferito un nome femminile: *die Sonne.* È il caso dovuto al fatto che i popoli germanici avessero una dea del sole chiamata Sunna, il cui fratello era il dio della Luna, *der Mond*?
La saggezza è un nome femminile sia in Greco che in Latino. Il nome greco per "saggezza" è "sophia" e "filosofia", che significa "amore per la saggezza", è femminile sia in greco che in tedesco. Forse è quindi naturale che *"sapienza"* e *"saggezza"* siano due parole femminili anche in tedesco. Basta pensare alla dea bendata della Giustizia. Quindi abbiamo: *die Art, die Besonnenheit, die Bildung, die Einsicht, die Gerechtigkeit, die Intelligenz, die Justiz, die Kenntnis, die Klugheit, die Kunst, die Methode, die Methodik, die Philosophie, die Ratio, die Sorgfalt, die Technik, die Technologie, die Umsicht, die Vorausschau, die Voraussicht, die Vorsicht, die Vernunft, die Weise, die Weisheit, die Weitsicht.*
Studi ulteriori sulle differenze tra le caratteristiche dei nomi maschili e femminili in tedesco hanno rivelato che i nomi astratti femminili si riferiscono solitamente ad aspetti di maggiore sottomissione, mentre invece i nomi astratti maschili rappresentano concetti più aggressivi.[14]
Il coraggio (*der Mut*), l'arroganza (*der Hochmut*), la spavalderia (*der Übermut*), e l'errore (*der Irrtum*) sono maschili. Al contrario, i nomi che si potrebbero associare con le qualità di Cenerentola sono femminili: l'umiltà (*die Demut*), la pazienza (*die Geduld*), la bontà (*die Gutherzigkeit*), e, ahimè, la povertà (*die Armut*). La povertà può generare innumerevoli preoccupazioni: *die Angst, die Sorge, die Besorgnis.* Ma non dimentichiamoci dei nomi tipici delle sorellastre di Cenerentola: la gelosia (*die Eifersucht*), la

bruttezza (*die Hässlichkeit*), l'abuso (*die Misshandlung*), la crudeltà (*die Grausamkeit*) e la cattiveria (*die Gemeinheit*).

Il genere femminile è utilizzato per il vero potere: *die Kraft, die Macht, die Leistung, die Energie, die Stärke, die Festigkeit, die Belastbarkeit, die Gewalt, die Befugnis* (la competenza), *die Wucht* (l'irruenza), *die Potenz, die Mächtigkeit, die Herrschaft* (il dominio), *die Vollmacht* (la plenipotenza), *die Behörde, die Autorität, die Regierung, die Kontrolle, die Steuerung* (il comando).

Al contrario, i poteri maschili appaiono più fisicamente orientati. Ad esempio, nel mondo animale, gli animali che incutono timore tendono ad essere al maschile: *der Dinosaurier, der Elefant, der Gorilla, der Orang-Utan*, mentre animali più piccoli e meno pericolosi (*die Maus*) o più eleganti (*die Giraffe*) tendono ad essere al femminile. Questi esempi ci confermano che il genere riflette anche la forma e la grandezza. Le forme allungate come frecce (*der Pfeil*), pali (*der Pfahl*), pilastri (*der Pfeiler*), montanti (*der Pfosten*), bastoni (*der Stab, der Stock, der Stecken*), tronchi d'albero (*der Stamm*), steli (*der Stiel*), anche penne e matite tendono a essere maschili. Al contrario, sono generalmente femminili le superfici piane (pareti, porte, soffitti, lavagne, pianure) – *die Fläche, die Ebene, die Wand, die Mauer, die Tafel, die Decke, die Tür, die Seite, die Flanke, die Platte*; gli oggetti vuoti (scatole, lattine, grotte, tamburi, tubi): *die Büchse, die Box, die Dose, die Höhle, die Schachtel, die Trommel, die Tube, die Röhre* e le forme affilate (aghi, forchette, pinze, forbici, ganci): *die Nadel, die Gabel, die Zange, die Schere, die Klaue, die Kralle, die Pratze.*

Come se si trattasse di un'eredità suddivisa tra fratelli e sorelle, i maschi si sono accaparrati un bel pezzo di cielo (i pianeti, le lune, le stelle) e alle femmine è spettato il sole, la terra e il pianeta Venere. Nel caso in cui un nome sembrerebbe rientrare in una categoria, ma nei fatti non vi rientra, è probabile che si debba pensare a tale categoria come un continuum o una gerarchia. Prendiamo l'esempio del tempo. Gli intervalli di tempo più breve sono femminili: *die Zeit, die Uhr, die Stunde, die Minute, die Sekunde*; gli intervalli più lunghi sono invece neutri: *das Jahr, das Jahrzehnt* (la decade), *das Jahrhundert* (il secolo), *das*

Jahrtausend (il millennio), mentre i periodi intermedi sono al maschile: *der Tag, der Monat.* Se tale nome, poi, non dovesse ancora rientrare nella sua presunta categoria, come nel caso di *die Woche, die Dekade, die Epoche,* allora è necessario utilizzare un'altra chiave del nostro cifrario segreto: *i suoni.*

Seconda regola: i suoni

I nomi che iniziano con determinate lettere o terminano in determinate lettere o hanno suoni nasali o vocali simili tendono ad avere lo stesso genere. Si tratta, in qualche modo, di una continuazione del concetto di categorie. Le cose simili finiscono per avere lo stesso genere. Tutte queste categorizzazioni servono alla fine per un unico scopo, vale a dire facilitare la comunicazione tra i membri della stessa tribù. È una questione di chiarezza e sopravvivenza. Quando, in una cucina medievale rischiarata dalla sola luce di una candela chiedi a qualcuno che ti passi un cucchiaio, non vuoi per alcun motivo che ti dia un coltello.

Utilizzare il genere esatto fa sì che la tua comunicazione sia doppiamente precisa. Non sorprenderà perciò constatare che i nomi con certi suoni tendono ad essere associati con un genere specifico. I nomi che terminano in *-e* sono femminili nel 90 per cento dei casi, quelli terminanti in *-ie* nel 95 per cento dei casi, quelli in *-ur* nel 93 per cento, in *-ucht* nel 64 per cento, mentre i nomi che terminano in *-ich* sono all'81 per cento maschili, in *-ett* neutri al 95 per cento e in *-ier* al 60 per cento.[15]

Applichiamo questa nuova chiave al sostantivo *Spur* (tracciato/ corsia/pista). Sapendo che i nomi che terminano in *-ur* sono al 93 per cento femminili, siamo già arrivati alla soluzione. Se vogliamo essere del tutto certi della nostra risposta, possiamo sempre applicare la prima regola (le categorie) e vedere se ci può essere d'aiuto. Quali nomi esprimono concetti simili al tracciato/corsia/pista? *Die Strasse, die Allee, die Route, die Bahn, die Autobahn, die Piste, die Schiene, die Strecke.* Con questa chiave sembra addirittura essere più chiaro. La lista dei nomi femminili sorpassa – è il caso di dirlo – di gran lunga gli unici due nomi maschili della categoria: *der Weg, der Pfad*; se nella tua frase hai detto *die Spur*, hai colto nel segno.

Grazie al lavoro dei linguisti nell'era dell'informatica,[16] siamo venuti a conoscenza di molte altre associazioni di suoni (fonetiche) esistenti tra i nomi e i generi. Più consonanti ci sono all'inizio o alla fine di un nome, più sono alte le probabilità che esso sia maschile, specialmente se il nome è composto da una sola sillaba. Più precisamente, tali probabilità sono, per i nomi monosillabi, dell'83 per cento: *Sand, Zwerg, Knall, Drall, Schlamm*. Ti basterà pensare ai giovani teenager di sesso maschile che rispondono – appunto – con monosillabi e capirai perché la maggior parte dei nomi brevi sono maschili.

Inoltre, troviamo dei suffissi (le ultime lettere di una parola) che tendono ad appartenere a due soli generi, cosicché, nella roulette dell'assegnazione, si possono avere almeno il 50 per cento delle probabilità di vincere. Anche in questo caso, le chance di vittoria possono crescere ulteriormente se ci si affida allo stesso tempo anche alla prima regola (le categorie). Per esempio, i nomi che terminano in *-nis* sono o femminili o neutri.

Tenendo a mente che il neutro è più spesso il genere di oggetti inanimati e il femminile quello di concetti astratti, si può facilmente indovinare quale sia il genere dei nomi *Gefängnis* (la prigione, un oggetto inanimato) e *Bedrängnis* (un'emergenza, una situazione difficile, un concetto astratto). La supposizione che in tedesco la prigione sia probabilmente *das Gefängnis* potrebbe essere ulteriormente confermata dalla conoscenza del fatto che i nomi che iniziano per *Ge-* hanno la tendenza ad essere neutri. Con questo esempio, possiamo davvero vedere l'interazione dei diversi segnali che ci aiutano ad individuare il genere corretto: i nomi che cominciano per *Ge-* (un forte segnale per il neutro) e la terminazione in *-nis* (un segnale che si possa trattare di un sostantivo neutro se ci troviamo di fronte ad un oggetto inanimato).

Prendiamo un altro esempio dalla stessa categoria di nomi terminanti in *-nis*: questa volta dobbiamo individuare il genere di *Kenntnis* (la conoscenza) e *Zeugnis* (l'attestato). Il primo sostantivo è astratto, il secondo più concreto trattandosi generalmente di un pezzo di carta. È quindi probabile che sia corretto dire *die Kenntnis* e *das Zeugnis*.

È giusto però notare che questo tipo di distinzioni non sono sempre immediatamente ovvie. Ma più si diventa consapevoli dei 'codici segreti' per l'individuazione del genere, più utili essi diventano ogni volta che si incontrano nomi nuovi che calzano nelle 'chiavi' che si conoscono o riconoscono. Basta, infatti, solo essere consapevoli che questo 'cifrario' esiste perché si sia portati a ricercare continuamente delle nuove prove della sua esattezza. E quando ci si trova davanti a un nome che non rientra in nessuno dei codici esistenti, verrà spontaneo chiedersi il perché e sarai a tuo agio nel cercare la soluzione, sapendo, a differenza di Mark Twain, che l'attribuzione del genere ad un nome non è poi così casuale.

Questi tre nomi, ognuno dei quali ha un genere diverso, ci daranno un'ulteriore esempio: *Gier* (l'avidità), *Atelier* (nel senso dello studio di un artista), *Stier* (il toro). È evidente che la seconda regola non ci sia, in questo caso, di grande aiuto, visto che tutti e tre i nomi hanno la stessa identica terminazione. Proviamo quindi con la prima regola e vediamo se ci offre un po' di chiarezza: il femminile per i concetti astratti, il neutro per gli oggetti inanimati e il maschile per ciò che è probabilmente maschile se è una cosa animata. Non ti sbaglierai se, conseguentemente, dirai *die Gier*, *das Atelier*, *der Stier*.

Mano a mano che si acquisisce consapevolezza dei legami tra i nomi tedeschi e le categorie, si scoprono anche delle sovrapposizioni tra le categorie stesse e possibilità ulteriori che ci possano essere di aiuto per individuare il genere di un nome. Pensiamo ai diagrammi di Venn dei quali avevamo parlato prima e prendiamo nuovamente come esempio il nome *Atelier*, che viene dal francese. Sappiamo che le parole prese in prestito da altre lingue sono generalmente neutre. Allo stesso modo, sappiamo che *Atelier* appartiene alla stessa categoria di *das Haus*, *das Heim*, *das Gebäude*, aumentando le possibilità che il nostro nome sia *das Atelier*.[17] Più si pensa ai nomi in tedesco in termini di categorie, più possibilità si hanno di indovinare il genere corretto (Figura 2).

Figura 2: come la sovrapposizione delle categorie può far chiarezza sul genere dei nomi

Categoria X: i nomi importati tendono ad essere neutri

Categoria Y: i sinonimi di *das Haus*, *das Zimmer*, *das Studio* sono anch'essi con maggiore probabilità neutri

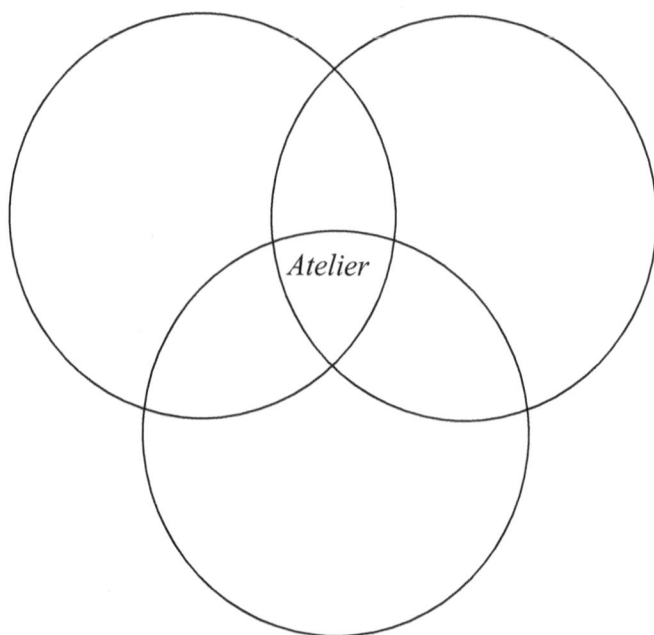

Atelier

Categoria Z: i nomi che terminano in *-ier* tendono ad essere neutri se si riferiscono ad oggetti inanimati

La prima e la seconda regola, talvolta, lavorano in perfetta armonia, e in questi casi abbiamo una doppia conferma che ciò che abbiamo tirato ad indovinare sia corretto. In altri casi invece, le due regole entrano in conflitto ed è opportuno che se ne abbia consapevolezza. La prima regola (le categorie) prevale solitamente sulla seconda (i suoni). È per questo che la categoria "fiumi dell'Europa centrale" tende a essere femminile (*die Donau*) e la categoria "fiumi al di fuori dell'Europa centrale" (*der Nil*) tende a essere maschile a prescindere dei suoni che sono associate a tali nomi.

Ma ci sono anche casi in cui un suono specifico (seconda regola) è talmente associato a un genere che la prevalenza sulla prima regola (le categorie) è assoluta. Per esempio, i nomi che terminano in -*erei* sono praticamente sempre femminili, non importa a quale categoria essi possano appartenere. Siamo quindi in presenza di un segnale molto chiaro che, per questi nomi, la seconda regola avrà il sopravvento. Usiamo come esempio proprio un caso in cui la prima regola sia 'battuta' dalla seconda. Abbiamo già detto che le probabilità che un nome sia maschile aumentano all'aumentare delle consonanti all'inizio e alla fine del nome stesso. Più semplicemente, un nome è maschile quando all'inizio e alla fine presenta molte consonanti. Questo è esattamente il caso di *Pfirsich* (pesca). Mentre la categoria frutta è prevalentemente femminile, questo nome è troppo pieno di consonanti perché possa far parte del club femminile. Abbiamo quindi *der Pfirsich* e la seconda regola ne esce vincitrice.

Quando poi, almeno in apparenza, una terminazione sembra non rientrare in nessuna regola, ciò potrebbe dipendere da altri fattori. Per esempio, ci potremmo trovare davanti ad un'abbreviazione. In questi casi, il nome abbreviato mantiene il genere del nome per esteso. È per questo motivo che *die Lokomotive*, che terminando in *e* è femminile, viene abbreviato con *die Lok*, che termina in un modo del tutto diverso e ti lascia perplesso la prima volta che incappi in questo nome cercando di capirne il genere.

Alcune eccezioni, inoltre, sembrano non avere alcuna connessione o ragione che non sia spiegabile senza risalire ai tempi antichi. Coltello, forchetta e cucchiaio ci danno una mano per capire di cosa stiamo parlando. Pur essendo i più basilari utensili da tavola, questi tre nomi hanno generi diversi.

Cominciamo col coltello: In termini di categorie, i metalli tendono ad essere neutri, così come le armi. Una spada (*das Schwert)*, una lunga lama metallica, è in tedesco al neutro. Ci dovrebbe quindi sorprendere che *das Messer*, una piccola lama metallica, sia ugualmente un nome neutro? Passiamo ora alla forchetta, di per sé simbolo di un modo di mangiare elegante, e quindi femminile. La regina Maria Antonietta di Francia – quella della ghigliottina, per intenderci – non si toglieva i guanti per mangiare, perché utilizzava una forchetta. Il nome tedesco per forchetta, *Gabel*, a seconda delle epoche, ha avuto una terminazione in -*a* oppure in -*e*. È difficile che una persona possa disporre di tutte queste informazioni oggigiorno. Tuttavia, teniamo sempre a mente che il genere dei nomi non è un fenomeno del tutto casuale. Ciascun nome ha una storia e un contesto, che spesso ignoriamo. La parola *Gabel* ha anche un legame con la categoria di *die Forke* (il forcone). Un'altra categoria si può poi sovrapporre e confermare il genere del nostro nome: quella delle "forme appuntite", che tendono ad essere femminili come *die Nadel* (l'ago). [18] Con una storia di questo tipo, non sembra così irragionevole che la forchetta, anche in tedesco, sia femminile: *die Gabel*.

Ci rimane dunque il cucchiaio. Se la forchetta ci ricorda un modo di mangiare femminili, i rumori imbarazzanti che possono uscire dal maneggiare un cucchiaio lo sono certamente meno. Questo oggetto ha una connotazione più rude e perciò maschile: *der Löffel*.

Conoscendo i retroscena dei loro generi, l'associazione potrebbe quindi funzionare: *das Messer, die Gabel, der Löffel*. Alla fine, se riuscirai a ricordare anche solo una di queste tre storie, almeno sarai sicuro che avrai sempre in mente il genere di almeno uno di essi, e per sempre.

Un'ultima, e forse più fastidiosa domanda attende ancora la nostra risposta. La domanda del *Perché?* Per quale motivo il tedesco deve proprio avere tre generi? A cosa servono? In italiano ce la caviamo benissimo con due, in inglese ne hanno addirittura uno solo. Perché il tedesco ne ha bisogno di così tanti?

Una considerazione generale può essere fatta. Se qualcosa sopravvive per così tanto tempo, probabilmente deve avere un certo valore. Per la lingua tedesca, uno dei principali valori è costituito dalla *precisione*. Il tedesco, la lingua di Einstein, è una lingua complessa e molto esatta. Succede spesso, quando si fanno delle traduzioni, che una sola parola in tedesco possa essere resa in italiano unicamente attraverso una perifrasi. La diversa struttura della frase, con il verbo principale molto spesso alla fine del periodo, deve essere necessariamente accompagnata da una maggiore precisione, per evitare che si crei confusione su chi ha fatto cosa a chi, con cosa e quando. Se soggetto e verbo sono così distanti, i riferimenti che troviamo nel mezzo devono essere i più chiari possibili. A conti fatti, è probabile che chi parla tedesco non abbandonerà l'uso dei tre generi tanto presto.

Come si dovrebbe usare questa guida? Quest'ultima sezione si propone di dare alcuni suggerimenti su come utilizzare questo libro, che vuole essere una guida di accompagnamento ai segreti del genere dei nomi in tedesco. Potrebbe essere quindi utile dare in primo luogo un'occhiata d'insieme a tutto il volume, per poi tornare sui singoli capitoli in base alla rilevanza che hanno per ognuno di noi. Più diventerai consapevole di come funzionano le due regole (Regola 1 e Regola 2), più sarà facile per te utilizzare le chiavi che aprono le porte a intere categorie di nomi, aumentando la tua sicurezza nel padroneggiare il tedesco. Lo scopo di fornire così tanti esempi non è quello di scoraggiarti né di annoiarti ma di aumentare la possibilità che tu possa riconoscere e ritrovare dei nomi che rafforzino l'associazione con quella determinata regola.

L'indice che trovi alla fine può servire come base per testare le tue conoscenze. Ogni voce dell'indice può diventare una domanda: quale genere tende a rappresentare questa voce? Alla fine della fiera, dobbiamo ricordarci che abbiamo sempre a che fare con delle probabilità. Meglio riuscirai a combinare quello che sai sulla Regola 1 e 2, più alta sarà la possibilità di individuare il genere corretto.

Il valore principale di questo libro è quello di illustrare quali percorsi rendono un nome di un certo genere, quali sono i legami tra un nome ed uno dei tre generi del tedesco. Ti potrebbe addirittura venir voglia di annotarti altri nomi che rientrano nello stesso percorso o potresti scoprire nuove categorie e connessioni che possono essere rilevanti per il vocabolario che usi tutti i giorni, ad esempio, a livello professionale. C'è ancora tanto da scoprire.

Con tutto il tempo che probabilmente hai già investito nell'imparare il tedesco per arrivare al punto di sentire il bisogno di fare un'ulteriore sforzo di rifinitura, l'esercizio di "ingegneria al contrario" che ti proponiamo potrà addirittura risultarti divertente. Un ultimo avvertimento è però d'obbligo. I madrelingua tedeschi, salvo che si tratti di professori di linguistica tedesca specializzati nell'esoterico argomento del genere grammaticale, difficilmente condivideranno il tuo stesso entusiasmo nello scoprire le chiavi che determinano il genere dei nomi. Per loro il genere rimarrà un'ovvietà, praticamente una semplice stupidaggine. Al contrario, essi saranno quantomeno scettici, visto che non hanno mai sentito parlare né di regole né di chiavi. In certi casi, potrebbero addirittura prenderti in giro quando tu, man mano che diventi più esperto del "codice segreto", proverai a spiegare loro – i madrelingua – le regole che stanno dietro al genere dei nomi. A quel punto, si stancheranno di te e ti diranno che tutto questo non ha semplicemente senso, visto che loro erano in grado di farlo senza nemmeno pensarci. Ma se non ti stanno a sentire, loro non sapranno mai il *perché*, ma solo il *come*. Tu, invece sarai padrone della lingua sapendo il *perché*, che ti darà automaticamente accesso al *come*.

Il nostro consiglio finale è di condividere il tuo entusiasmo con altri studenti che, come te, lottano per padroneggiare il genere nella lingua tedesca.

Der: le regole che rendono un nome maschile

Prima regola: le categorie

Molti tipi di animali (in particolare i più grandi, feroci, brutti o potenti o che hanno solitamente il ruolo del cattivo nelle favole): der Adler, der Alligator, der Bär, der Biber, der Blauwal, der Büffel, der Delphin, der Dinosaurier, der Elefant, der Esel, der Fisch, der Fuchs, der Gorilla, der Hahn, der Hummer, der Hund, der Löwe, der Maulwurf, der Orang-Utan, der Stier, der Tiger, der Vogel, der Wal, der Wolf. Se gli animali sono più piccoli e meno possenti, probabilmente saranno identificati come maschili quando il loro nome termina per *-er*: der Hamster, der Käfer.

I momenti della giornata: der Morgen, der Abend, der Mittag (fatta eccezione per die Nacht, perché i nomi che terminano in *-acht* tendono ad essere femminili)

I giorni della settimana: der Tag, der Montag, der Dienstag, der Mittwoch, der Donnerstag

I mesi: der Monat, der Januar, der Juli, der Dezember

Le stagioni: der Frühling, der Sommer, der Herbst, der Winter

I punti cardinali e la bussola: der Kompass, der Norden, der Süden, der Osten, der Westen, der Nordosten, der Pol, der Nordpol, der Südpol, der Gegenpol

Le precipitazioni e il vento: der Tropfen, der Regen, der Nebel, der Schnee, der Hagel, der Sturm, der Blitz, der Donner, der Wind, der Tornado, der Hurrikan, der Föhn, der Passat, ecc. (Eccezioni: *die Böe, die Brise, die Bise* – Perché i nomi che terminano con la vocale *-e* sono associati al femminile)

I corpi celesti: der Asteroid, der Jupiter, der Himmel, der Komet, der Mars, der Merkur, der Mond, der Neptun, der Planet, der Quasar, der Pluto, der Pulsar, der Satellit, der Saturn, der Stern. Eccezioni: Venus rappresenta sia la dea romana dell'amore che il nome del pianeta ed è quindi femminile; *die Sonne* e *die Erde* sono contrassegnati dalla potente terminazione tipicamente femminile *-e*.

Tipi di suolo, minerali e rocce: der Boden, der Stein, der Fels, der Granit, der Diamant, der Quarz, der Sand, der Smaragd (lo smeraldo). Eccezione: *die Kreide* (il gesso, femminile perché terminante in *-e*).

Sporcizia e spazzatura: der Abfall, der Dreck, der Dung, der Kehricht, der Plunder (il rancidume), der Mist, der Müll, der Schmuddel, der Schrott, der Unrat, der Urin, ecc.

I nomi di molti fiumi che non si trovano in Europa centrale: der Amazonas, der Mississippi, der Nil (fatta eccezione per *der Rhein, der Main*).

I bacini idrici interni: der Bach (il ruscello), der Fluss (da cui derivano anche i nomi: der Abfluss, der Ausfluss, der Einfluss), der Kanal (il canale), der See (il lago), der Teich (lo stagno), der Damm (la diga), der Pool/der Swimmingpool.[19]

I nomi delle montagne: der Berg, der Gipfel, der Hügel, der Mount Everest, der Mont Blanc, der Kilimanjaro, (anche nel caso di *der Himalaja/der Himalaya*, nonostante termini con la vocale *-a*, caratteristica del femminile).[20]

Le forme allungate:

- o der Arm (il braccio)
- o der Ast (il ramo)
- o der Baumstamm (il tronco)
- o der Draht (il cavo)
- o der Golfschläger (la mazza da golf)
- o der Hals/der Nacken (la gola, il collo)
- o der Mast (l'albero di una barca)
- o der Pfahl (il palo)
- o der Pfeiler (il pilastro)
- o der Pfosten (il montante)
- o der Schenkel (la coscia, il lato in geometria)
- o der Stab (la barra)
- o der Stecken (la bacchetta)
- o der Stiel (lo stelo)
- o der Stift (la penna, la matita)
- o der Stock (il bastone, la canna)
- o der Turm (la torre)

I tessuti: der Filz (il feltro), der Lappen (panno, pezza, straccio), der Stoff (materiale, tessuto), der Taft (taffettà)

Tipi di pesce: der Fisch, der Aal (l'anguilla), der Lachs (il salmone), der Kabeljau (il merluzzo), der Haifisch (lo squalo), der Barsch (la spigola), der Thunfisch (il tonno). Eccezioni sono quei nomi che terminano con il femminile *-e*: *die Forelle* (la trota), *die Seezunge* (la sogliola).

Le piante: ad eccezione degli alberi e della frutta (che hanno la tendenza a essere femminili se terminano in *-e*), le piante, le verdure, le insalate e le spezie tendono a essere maschili: der Bambus (il bambù), der Brokkoli, der Blumenkohl (il cavolfiore), der Fenchel (il finocchio), der Rosenkohl (il cavolino di Bruxelles), der Spinat (lo spinacio), der Pfeffer (il pepe), der Hanf (la canapa), der Lauch (il porro), der Pilz (il fungo), der Meerrettich (il cren), der Ingwer (lo zenzero), der Senf (la senape), der Oregano, der Schnittlauch, der Dill, der Thymian, der Estragon, der Rosmarin, der Koriander, der Salat, der Reis, der Mais

I succhi di frutta: der Saft, der Apfelsaft, der Orangensaft, der Zitronensaft

Caffè, tè e torte: der Tee (→ der Rooibos), der Kaffee (→ der Espresso, der Cappuccino), der Kuchen

I nomi di bevande alcoliche: der Alkohol, der Champagner, der Cognac, der Likör, der Ouzo, der Prosecco, der Rum, der Schnaps, der Sekt, der Wein, der Whiskey, der Wodka (eccezione: *das Bier*[21])

Le sottocategorie prendono il genere dalla categoria principale:

- *der Wein* → der Merlot, der Spätburgunder
- *der Cocktail* → der Mojito, der Cosmopolitan
- *das Bier* → das Pils (un tipo di birra)

Gli strumenti e gli equipaggiamenti (specialmente se i nomi terminano in *-er* o *-or*):

- der Atomreaktor
- der Computer
- der Cursor
- der Detektor
- der Fernseher
- der Generator
- der Katalysator
- der Kondensator
- der Kugelschreiber
- der Monitor
- der Motor
- der Projektor

o der Prozessor
o der Radiator
o der Sensor
o der Simulator
o der Stabilisator
o der Taschenrechner
o der Toaster
o der Traktor
o der Ventilator

Alcuni nomi che non sono strumenti ma che terminano in *-or*:

o der Chor (il coro)
o der Faktor
o der Horror
o der Humor
o der Indikator
o der Korridor
o der Sektor
o der Terror
o der Tresor
o der Tumor
o der Vektor

I nomi delle case automobilistiche: der Audi, der BMW, der Mercedes, der Volkswagen, ecc. tendono a essere maschili. Questa regola non si applica ai tipi di vettura, quindi si dice: *das Cabriolet (*macchina decappottabile*), das Coupé* (macchina non decappottabile con due porte) perché, come tutti i prestiti da altre lingue – in questo caso il francese – tendono a essere di genere neutro. Nel caso di *die Limousine* la causa del femminile è riconducibile alla terminazione in *-e.*

I nomi dei treni: der Zug, der ICE, der TGV

La maggior parte delle valute: Der US-Dollar, der Euro, der Schweizer Franken, der südafrikanische Rand, der Renminbi, der chinesische Yuan, der japanische Yen, der Rubel, der Peso, der Cent, der Pfennig, der Rappen

Eccezioni: *das britische Pfund* (perché, in quanto unità di misura, il *Pound* è neutro), *die Lira, die Krone* (a causa della loro terminazione in -*a* ed -*e*), *die Mark, die Deutschmark, die D-Mark* (poiché, in età medievale, il nome della moneta tedesca terminava con -*a* oppure -*e*)

Tipi di musica: der Blues, der Jazz, der Pop, der Rap, der Reggae, der Rock, der Schlager (ma apparentemente non la musica più "seria": die Klassik, die Oper)

Tipi di danze: der Foxtrot, der Tango, der Bolero, der Flamenco, der Cha-Cha-Cha, der Mambo, der Rumba, der Samba,[22] der Walzer. Eccezioni: die Polka, das Menuett

I nomi che connotano una persona che solitamente è maschile tendono a essere maschili: Questa dovrebbe essere la categoria più intuitiva, ma per il tedesco non è sempre così. Mentre esiste una relazione fra il "genere naturale" della persona e il "genere grammaticale" nel caso di *der Mann, der Vater, der Sohn, der Bub, der Bruder, der Onkel*, ecc, le forme al diminutivo cambiano genere e diventano neutre come in *das Bübchen*, il bambinetto, o *das Männchen* (quando ci si riferisce a un ometto, forse più per pietà o come caricatura). Ci sono anche diversi casi dove, anche se si parla di un maschio, il genere non è necessariamente maschile, come nel caso di *die Person* (la persona) o *die Geisel* (l'ostaggio).

La seconda regola: i suoni

I nomi al maschile hanno la tendenza a iniziare o terminare con una consonante; più sono le consonanti all'inizio o alla fine di una parola, più è probabile che si tratti di un nome maschile.

I nomi con i seguenti prefissi e suffissi sono normalmente maschili:

-aal: der Aal (l'anguilla), der Saal – aula/sala e le molte parole da essa derivate: der Gerichtssaal (l'aula di tribunale), der Speisesaal (la sala da pranzo), der Wartesaal (la sala d'attesa)

-ag:

- o der Airbag
- o der Alltag
- o der Anschlag
- o der Antrag
- o der Auftrag
- o der Beitrag
- o der Belag
- o der Durchschlag
- o der Ertrag
- o der Gag (dall'inglese "gag")[23]
- o der Hag
- o der Jetlag
- o der Lag (dall'inglese "lag")
- o der Montag
- o der Schlag
- o der Tag
- o der Verlag
- o der Vertrag
- o der Vorschlag

-all:

- o der Abfall
- o der Aufprall
- o der Ball
- o der Drall (la torsione, la rotazione)
- o der Fall

- o der Hall (l'eco)
- o der Knall
- o der Krawall
- o der Kristall
- o der Schall
- o der Vorfall
- o der Zufall

Eccezioni (neutro):

- o das All (stessa categoria di *das Universum*)
- o das Intervall (derivato dal latino intervallum, il che rende il sostantivo importato alla lingua tedesca neutro
- o das Metall (i metalli tendono a essere neutri)

Eccezioni (femminile): *die Nachtigall* (molti nomi di piccoli uccelli hanno la tendenza a essere femminili, come il passerotto)

-am: der Gram (l'afflizione, la pena), der Kram (l'aggeggio, la robaccia), der Imam, der Islam, der Sesam (il sesamo), der Poetry-Slam, der Grand Slam

-an: i nomi con la terminazione *-an* tendono a essere di genere maschile. Tale terminazione è così forte che si impone persino sul principio che i nomi importati sono neutri:

- o der Altan (un tipo di balcone)
- o der Baldrian (la valeriana)
- o der Balkan (i Balcani)
- o der Blödian (l'idiota)
- o der Caravan (il caravan)
- o der Dekan (il decano)
- o der Diözesan (il diocesano, membro di una diocesi)
- o der Diwan (il divano, di origine turca)

o der Dressman (il modello - uomo)
o der Elan (lo slancio)
o der Enzian (la pianta di genziana)
o der Fan (l'ammiratore, il fan)
o der Fasan (il fagiano)
o der Gentleman (il gentiluomo)
o der Grobian (il ruffiano)
o der Grünspan (il verderame)
o der Hooligan
o der Hurrikan (l'uragano)
o der Iran, der Sudan, der Südsudan (tra i pochi nomi di Stati
   che sono maschili– la maggioranza sono infatti neutri)
o der Kaftan (il kaftano)
o der Katamaran (il catamarano)
o der Klan (il clan)
o der Koran
o der Kran (la gru)
o der Kumpan (il compagno, il compare)
o der Lebertran (l'olio di fegato di merluzzo)
o der Leguan (l'iguana)
o der Majoran (la maggiorana – le spezie tendono a essere
   maschili)
o der Median (il mediano)
o der Meridian (il meridiano)
o der Merlan (il merlano, un pesce di acqua salata)
o der Orang-Utan (l'orangotango)
o der Orkan (l'uragano)
o der Ortolan (l'ortolano, una specie di uccello)
o der Ozean (l'oceano)
o der Parmesan (il parmigiano)
o der Pavian (il babbuino)
o der Pelikan (il pellicano)
o der Plan (il piano)
o der Ramadan (il Ramadan)
o der Roman (il romanzo)
o der Safran (lo zafferano: le spezie tendono a essere
   maschili)
o der Schlendrian (il tran tran, l'andazzo)

- der Schwan (il cigno)
- der Slogan (lo slogan)
- der Sopran (il/la soprano)
- der Span (il truciolo, la scheggia)
- der Steppenwaran (un tipo di lucertola)
- der Stuntman
- der Sultan
- der Talisman (il talismano)
- der Tarzan
- der Thymian (il timo: le spezie tendono a essere maschili)
- der Titan (il dio greco / una persona forte)
- der Tran (l'olio di balena)
- der Trimaran (il trimarano)
- der Tukan (il tucano)
- der Turban (il turbante)
- der Ulan (l'ulano, un cavaliere)
- der Untertan (il suddito)
- der Van (il van / tipo di automobile)
- der Vatikan (il Vaticano)
- der Veteran (il veterano)
- der Vulkan (il vulcano / il dio romano del fuoco)
- der Yuan (la valuta cinese)

Molti nomi maschili di persona terminano con -*an*:

(der) Adrian, (der) Christian, (der) Fabian, (der) Florian, (der) Ivan, (der) Jean, (der) Jonathan, (der) Julian, (der) Kian, (der) Kilian, (der) Marian, (der) Maximilian, (der) Sebastian, (der) Stefan/Stephan, (der) Tilman, (der) Tristan

Eccezioni: i nomi degli stati tendono a essere neutri, e lo stesso vale per i nomi che terminano in -*an*:[24] *(das) Afghanistan, (das) Aserbaidschan, (das) Bhutan, (das) Japan, (das) Kasachstan, (das) Kirgistan, (das) Kurdistan, (das) Pakistan, (das) Tadschikistan, (das) Taiwan, (das) Turkmenistan, (das) Usbekistan*

Altre eccezioni che pur terminando in *-an* richiedono il neutro sono gli elementi della tavola periodica, i metalli, i gas, le sostanze chimiche e i loro derivati:

- o das Butan (il butano)
- o das Filigran (la filigrana)
- o das Heptan (l'heptano)
- o das Hexan (l'hexano)
- o das Mangan (il manganese)
- o das Marzipan (il marzapane)
- o das Methan (il metano)
- o das Nonan (il nonano)
- o das Oktan (l'ottano)
- o das Pentan (il gas pentano)
- o das Porzellan (la porcellana)
- o das Propan (il propano)
- o das Titan (il titanio)
- o das Tryptophan (il tryptofano)
- o das Uran (l'uranio)
- o das Zellophan (il celophane)

Anche altre tre parole di uso frequente sono al neutro: *das LAN* (acronimo per Local Area Network), *das WLAN* (acronimo per Wireless Local Area Network), *das Organ* (l'organo del corpo o di una pubblica istituzione)

C'è anche una rara eccezione al femminile che termina in *-an*: *die Membran* (la membrana, stessa categoria di *die Haut*)

-ang:

- o der Anfang
- o der Drang

- o der Einklang
- o der Empfang
- o der Fang
- o der Gang
- o der Gesang[25]
- o der Hang
- o der Klang
- o der Mustang
- o der Rang
- o der Slang
- o der Strang (la corda, la fune)
- o der Tang (il fuco)
- o der Vorhang

-ant:

Persone di sesso maschile o animali

- o der Demonstrant
- o der Elefant
- o der Lieferant

Le eccezioni sono costituite dai nomi presi in prestito dal francese, che prendono il genere neutro: *das Croissant, das Deodorant, das Restaurant*

-ast:

- o der Ballast (la zavorra)
- o der Bast (la rafia)
- o der Chloroplast (il cloroplasto)
- o der Damast (il damasco, la stoffa damascata)
- o der Enthusiast (l'entusiasta)
- o der Fahnenmast (l'asta, il pennone della bandiera)
- o der Fantast/Phantast (il sognatore, il fantasticatore)
- o der Gast (l'ospite)

- der Gymnasiast (il liceale, lo studente)
- der Knast (la prigione)
- der Kontrast (il contrasto)
- der Mast (l'albero di una barca)
- der Morast (la palude, il pantano)
- der Palast (il palazzo)
- der Seidelbast (la dattinella)
- der Toast[26] (il toast)
- der Zytoblast (il citoblasto)

Eccezioni al femminile di nomi che terminano in -ast (la categoria di nomi femminili tende a rappresentare nomi più astratti):

- die Altlast (la discarica dismessa)
- die Beweislast (l'onere della prova)
- die Hast (la fretta)
- die Last (il carico, il peso)
- die Mast (l'ingrasso)
- die Unrast (irrequietezza)
- die Rast (la sosta, il riposo)

-auch:

- der Bauch
- der Brauch
- der Gebrauch (l'usanza)
- der Knoblauch (l'aglio)
- der Lauch (il porro)
- der Missbrauch
- der Rauch
- der Schlauch (il tubo per innaffiare)
- der Strauch (l'arbusto, il cespuglio)
- der Verbrauch

-aum:

- o der Baum
- o der Flaum (la peluria)
- o der Raum (lo spazio, l'area, il vano)
- o der Saum (l'orlo, il bordo)
- o der Schaum (schiuma)
- o der Traum

-bold:

- o der Kobold (il folletto)
- o der Lügenbold (il bugiardo)
- o der Trunkenbold (l'ubriacone)
- o der Witzbold (il buffone)

-eg:

- o der Abstieg
- o der Ausstieg
- o der Ausweg
- o der Beleg
- o der Krieg
- o der Weg

Due eccezioni che vengono dal latino sono invece neutre: das Privileg, das Sakrileg.

-eis:

- o der Ausweis
- o der Kreis (stessa categoria di *der Ring, der Zirkel*)
- o der Preis

-en: circa l'ottanta per cento[27] dei nomi terminanti in *-en* sono maschili, mentre i restanti sono al neutro. Tale terminazione non è tipica dei nomi femminili:

- der Balken (il puntello / il travicello)
- der Ballen (la balla di fieno)
- der Barren (la barra / il lingotto)
- der Batzen (il cumulo)
- der Besen
- der Boden
- der Bogen
- der Braten
- der Brocken
- der Brunnen
- der Busen
- der Daumen
- der Degen
- der Drachen
- der Faden
- der Felsen
- der Fetzen (il frammento, il brandello)
- der Fladen
- der Frieden
- der Funken
- der Galgen
- der Garten
- der Gaumen (il palato)
- der Glauben
- der Graben
- der Hafen
- der Haken
- der Haufen
- der Hoden
- der Hopfen
- der Husten
- der Karpfen (la carpa; i pesci tendono a essere maschili)

- o der Karren
- o der Kasten
- o der Klumpen
- o der Knochen
- o der Knoten
- o der Kolben (il pistone)
- o der Korken (il tappo di sughero)
- o der Kragen
- o der Krapfen
- o der Kuchen
- o der Laden
- o der Lappen
- o der Loden
- o der Magen
- o der Nacken
- o der Ofen
- o der Orden
- o der Packen (il cumulo)
- o der Pfropfen
- o der Rachen
- o der Rahmen
- o der Rasen
- o der Rechen (il rastrello)
- o der Regen
- o der Reifen
- o der Rochen (la razza, pesce)
- o der Roggen (la segale)
- o der Rücken
- o der Samen
- o der Schaden
- o der Schinken
- o der Schnupfen
- o der Schuppen
- o der Segen
- o der Socken
- o der Spaten
- o der Stecken
- o der Streifen

o der Tropfen
o der Wagen
o der Weizen
o der Zacken
o der Zapfen

Come dicevamo, il rimanente venti percento dei nomi in *-en* sono neutri:[28]

- I nomi che derivano dai verbi all'infinito che terminano in *-en* sono neutri:[29] das Essen, das Leben, das Wissen, das Schreiben, das Treffen, das Beben

- I diminutivi che terminano in *-en* sono neutri: das Küken, das Fohlen (il puledro)

- La grammatica o le parti del discorso tendono a essere di genere neutro, e ciò è valido anche per i nomi terminanti in *-en*: das Nomen.

- Il livello più alto di una categoria o di un tipo di classificazione tende a essere neutro (vedi il capitolo sul neutro per maggiori dettagli). Questa regola si applica anche ai nomi che finiscono in *-en*: das Wesen, das Volumen, das Vermögen

- Parecchi nomi associati alla camera da letto (*das Schlafzimmer*) e alla sala da bagno (*das Badezimmer*) tendono ad essere neutri, compresi i nomi terminanti in *-en*: das Laken (il lenzuolo), das Kissen (il cuscino), das Leinen (il lino), das Leintuch (il lenzuolo), das Bett (il letto), das Becken (il lavandino), das Waschbecken (il lavabo), das Bad (il bagno)

- Altri nomi al neutro che terminano in -*en*: das Examen (dal francese, il che lo rende neutro), das Eisen (il ferro – i metalli tendono a essere neutri), das Wappen (scudo di famiglia, nella stessa categoria neutra di *das Banner*, *das Hoheitszeichen*)

-ent: (ma generalmente non -*ment*[30])

  o der Abiturient (studente intorno all'ultimo anno della scuola superiore)
  o der Abonnent (l'abbonato)
  o der Absolvent (il laureato)
  o der Advent
  o der Agent
  o der Akzent
  o der Assistent
  o der Barchent
  o der Cent
  o der Dirigent
  o der Dissident
  o der Dozent
  o der Exponent
  o der Gradient
  o der Koeffizient
  o der Konsument
  o der Kontinent
  o der Kontrahent
  o der Konvent
  o der Korrespondent
  o der Moment
  o der Okzident
  o der Opponent
  o der Orient
  o der Patient
  o der Präsident
  o der Produzent

o der Quotient
o der Referent
o der Regent
o der Resident
o der Rezensent
o der Student
o der Zedent

Eccezioni (al neutro):

o das Kontingent (origine francese/latino)
o das Patent (dal latino, il che lo rende neutro in tedesco)
o das Prozent (nella stessa categoria delle frazioni che sono tipicamente al neutro: *das Viertel*, ecc.)
o das Talent (originariamente un'unità di peso, come *das Pfund*, ma oggigiorno utilizzato come un'attitudine/caratteristica speciale di una persona)
o das Transparent (lo striscione, il gagliardetto, per cui anche *das Banner*)

-er: circa il settanta percento dei nomi che terminano in *-er* (ma non in *-ier*[31]) sono maschili[32]

o der Acker (il campo)
o der Anker (l'ancora)
o der Ärger
o der Bagger
o der Becher
o der Bedenkenträger (il miscredente)
o der Biber
o der Bohrer
o der Bunker
o der Donner
o der Dünger
o der Eifer

- der Eimer
- der Eiter
- der Fächer (il ventaglio)
- der Falter (la farfalla)
- der Fehler
- der Filter
- der Finger
- der Fühler
- der Hafer
- der Hammer
- der Hamster
- der Höcker (la gobba)
- der Hocker (lo sgabello, persona che sta troppo seduta)
- der Hummer
- der Hunger
- der Ingwer
- der Jammer
- der Kader (in Svizzera: *das* Kader)
- der Käfer
- der Kater
- der Keller
- der Kerker (il carcere)
- der Kleber
- der Köder (l'esca)
- der Koffer
- der Körper
- der Krater
- der Kühler
- der Kummer
- der Laser
- der Lüster (il lampadario)
- der Ordner
- der Panzer
- der Sender
- der Sommer
- der Teller
- der Tiger
- der Walzer

- o der Wecker
- o der Winter
- o der Zauber
- o der Zeiger
- o der Zucker

I nomi derivati da verbi con il suffisso *-er* tendono a essere maschili: arbeiten → *der Arbeiter*, fahren → *der Fahrer*, lehren → *der Lehrer*, spielen → *der Spieler*

Nomi, verbi o aggettivi a cui si aggiungono i suffissi *-er, -ler, -ner, -iker*: Eisenbahn → *der Eisenbahner*, Hamburg → *der Hamburger*, Sport → *der Sportler*, Rente → *der Rentner*, Alkohol → *der Alkoholiker*, fernsehen → *der Fernseher*, fehlen → *der Fehler*

I derivati dei numeri terminanti in *-er* tendono a essere maschili: 50 → *der Fünfziger*

Eccezioni: circa il quindici percento dei nomi in *-er* sono femminili.[33]

Una categoria di nomi che finiscono in *-er* che è femminile è rappresentata dalle parti del corpo:

- o die Ader (la vena)
- o die Herzkammer (il ventricolo)
- o die Leber (il fegato)
- o die Schulter (la spalla)
- o die Wimper (il ciglio)

Altri nomi femminili che finiscono in *-er*:

- o Die Butter (anticamente aveva una -*a* femminile alla fine, pensate anche a *die Kuh* → *die Milch* → *die Butter*)
- o die Dauer (durata, stessa categoria di *die Zeit*)
- o die Elster (la gazza, i piccoli uccelli sono generalmente femminili)
- o die Faser (la fibra, sinonimo di *die Litze*, il cordoncino)
- o die Feder (la piuma)
- o die Feier (la festa, la celebrazione)
- o die Folter (una forma di tortura, stessa categoria femminile di *die Quälerei*, *die Tortur*)
- o die Leiter (la scaletta, sinonimo di *die Verbindung*; derivato da *die Leitung*)
- o die Marter (il tormento)
- o die Mauer (sinonimo di *die Wand*, le superfici piatte tendono ad essere femminili)
- o die Metapher (sinonimo di *die Übertragung*)
- o die Oper (fino la fine del 1700 aveva ancora la terminazione in -*a*)
- o die Steuer (la tassa, l'imposta, i numeri sono femminili)
- o die Trauer (il lutto, la tristezza; le lacrime sono associate alle signore: *die Träne*)
- o die Ziffer (i numeri sono femminili)

Eccezioni al neutro: circa il quindici percento[34] dei nomi terminanti in -*er* sono neutri:

- o das Alter (l'età, all'apice di una categoria che si misura solitamente in anni, *das Jahr*)
- o das Banner (nome importato dal francese, tutti i nomi importati tendono a essere neutri. Nella stessa categoria neutra di *das Hoheitszeichen*, *das Wappen*)
- o das Feuer (il fuoco, alcuni degli elementi base della natura tendono al neutro)
- o das Fieber (importato dal latino, quindi tendenzialmente neutro)
- o das Futter (categoria generale: il cibo per gli animali)

- o das Gatter (il cancello; stessa categoria di *das Tor, das Portal, das Hindernis*)
- o das Gitter (maglia metallica, i metalli tendono a essere neutri)
- o das Kloster (dal latino *claustrum* per indicare una residenza per monachi o suore; stessa categoria neutra di *das Wohnhaus*)
- o das Kupfer (i metalli tendono a essere neutri)
- o das Lager (il campo, il deposito, stessa categoria di *das Vorratshaus, das Camp, das Depot*)
- o das Leder (la pelle: stessa categoria di prodotti animali: *das Fell*)
- o das Messer (le spade e i metalli sono neutri)
- o das Muster (come *das Beispiel*)
- o das Opfer (può riferirsi sia a una cosa inanimata come per esempio un'offerta o sacrificio, che a una persona: la vittima, sia maschio che femmina)
- o das Pflaster (il cerotto, il lastricato)
- o das Poster (prestito dall'inglese, quindi neutro)
- o das Pulver (la polvere)
- o das Ruder (l'elmo il timone, nella stessa categoria di *das Steuer, das Paddel*)
- o das Silber (i metalli sono generalmente neutri)
- o das Ufer (stessa categoria di *das Land*)
- o das Wasser (l'acqua, gli elementi della natura tendono al neutro)
- o das Wetter (come *das Klima*)
- o das Wunder (come *das Geschehen, das Ereignis, das Staunen*)
- o das Zimmer (la stanza, nome derivato dal verbo *zimmern*, fare /costruire qualcosa in legno, da cui anche *Zimmermann* = il carpentiere; nella stessa categoria neutra di *das Bauholz, das Haus, das Gebäude*)

-el: come per le terminazioni in *-er* (vedi sopra), anche quelle in *-el* tendono ad essere associate a nomi maschili. All'incirca il

sessanta per cento[35] dei nomi con questa terminazione, infatti, lo
sono.

Nomi maschili che terminano in -el:

- der Apfel (un'eccezione rispetto alla regola secondo cui la
  frutta tende ad essere femminile)
- der Ärmel (la manica)
- der Artikel
- der Beutel
- der Büffel
- der Bügel
- der Dackel (il cane bassotto, stessa categoria di der Hund)
- der Deckel (il coperchio)
- der Egel (la sanguisuga)
- der Engel
- der Esel
- der Flügel
- der Gipfel
- der Gürtel
- der Hagel
- der Handel
- der Hebel
- der Henkel
- der Himmel
- der Hügel
- der Igel (il riccio)
- der Jubel
- der Kegel (il cono come forma geometrica)
- der Kessel (la caldaia, il calderone)
- der Kittel (il camice)
- der Knöchel (la caviglia, la nocca)
- der Knödel
- der Knorpel (la cartilagine)
- der Kübel

o der Löffel (il cucchiaio, un importante utensile casalingo che segue la tendenza di genere dei nomi in -*el*)
o der Mangel
o der Mantel
o der Meissel (lo scalpello)
o der Mörtel (la malta, mischia di cemento e sabbia)
o der Muskel
o der Nabel
o der Nagel
o der Nebel
o der Pegel
o der Pickel
o der Pöbel (la folla)
o der Pudel
o der Rüssel (la proboscide)
o der Säbel (la sciabola)
o der Schenkel
o der Schlüssel
o der Schnabel
o der Sessel
o der Sockel
o der Stapel
o der Tempel
o der Titel
o der Trubel (lo scompiglio)
o der Tümpel (lo stagno)
o der Tunnel
o der Vogel
o der Winkel
o der Wipfel (la chioma di un albero)
o der Würfel
o der Zettel
o der Ziegel (il mattone)
o der Zirkel
o der Zweifel (il dubbio)

Eccezioni: all'incirca il venticinque per cento[36] dei nomi terminanti in -*el* sono femminili:

- gli uccelli (sono femminili quando non sono di grandi dimensioni): die Amsel (il merlo), die Drossel (il tordo), die Wachtel (la quaglia)

- il prodotto delle piante è di solito femminile, anche nel caso di nomi che finiscono in -*el*: die Dattel (il dattero), die Distel (il cardo), die Eichel (la ghianda), die Wurzel (la radice)

- come per i nomi con terminazione in -*er*, alcune parti del corpo rappresentano l'eccezione al fatto che i nomi in -*el* tendono al maschile: die Achsel (l'ascella)

- alcuni alimenti e gli utensili ad essi collegati: die Muschel (la conchiglia: dal sostantivo databile al nono secolo d.c. *muscula*), die Nudel, die Gabel (l'importante utensile "forchetta" è femminile, vedere la spiegazione dell'Introduzione), così come sono femminili alcuni strumenti e utensili che finiscono in -*el*: die Nadel, die Kordel (la corda, la stringa), die Kurbel (la manovella), die Tafel (la lavagna o la tavola)

- die Angel (la canna da pesca, il cardine)

- le frasi, le regole e i racconti tendono a essere femminili: die Bibel, die Regel, die Klausel (la clausola), die Fabel, die Floskel (una frase vuota o retorica, detta con il solo scopo di dire qualcosa ma senza volere significare nulla di specifico)

- gli oggetti luccicanti o che danno luce: die Ampel (il semaforo, come *die Lampe*), die Fackel (la fiaccola, da un sostantivo databile all'ottavo secolo d.c., *fackala*)

- die Insel (l'isola, dal latino *insula*, che finisce col femminile -*a*)

- die Klientel (la clientela, anch'essa dal Latino *clientela* che finisce in *-a*)

- die Kugel (nel medioevo la parola "palla" era caratterizzata da un finale in *-e*), die Gondel (dall'italiano gondola, mantenendo l'influsso della terminazione in *-a*, che tende al femminile), die Kapsel (dal latino *capsula*), die Orgel (dal latino *organa*), die Formel (dal latino *formula*), die Geisel (l'ostaggio, sia femmina che maschio)

Eccezioni: il restante 15 per cento dei nomi terminanti in *-el* sono neutri

- das Debakel (nome importato dal francese; stessa categoria di *das Fiasko, das Desaster*)
- das Ferkel (il maialino, e i diminutivi tendono al neutro)
- das Hotel (stessa categoria di *das Gasthaus*, i nomi di alberghi sono neutri)
- das Kabel (stessa categoria di *das Seil*: il cavo, la corda)
- das Kapitel (parte di *das Buch*; dal latino *capitulum*, nome neutro in latino e neutro quando importato al tedesco)
- das Mittel (i mezzi, collegato a *das Geld, das Kapital*)
- das Nickel (categoria dei metalli, che tendono al neutro)
- das Orakel (dal latino *oraculum*, quindi neutro. Può riferirsi sia a un maschio che una femmina o addirittura a un oggetto)
- das Paddel (prestito linguistico; stessa categoria di *das Ruder*)
- das Pendel (dal latino *pendulum*)
- das Rätsel (stessa categoria di *das Geheimnis, das Mysterium, das Phänomen, das Wunder*)
- das Rudel (il branco: gli oggetti collettivi tendono al neutro, specialmente se cominciano in *Ge-*)
- das Segel (proveniente da *das Tuchstück*)
- das Übel (il male: stessa categoria di *das Böse, das Leid*)

- o das Wiesel (la donnola, piccolo animale)

-eur: (ma non -*ur*[37])

- o der Akteur
- o der Amateur
- o der Charmeur
- o der Chauffeur
- o der Dekorateur
- o der Deserteur
- o der Dompteur
- o der Dresseur
- o der Exporteur
- o der Filmregisseur
- o der Flaneur
- o der Friseur
- o der Gouverneur
- o der Graveur
- o der Hasardeur
- o der Importeur
- o der Ingenieur
- o der Innendekorateur
- o der Inspekteur
- o der Installateur
- o der Instrukteur
- o der Jongleur
- o der Kollaborateur
- o der Kolporteur
- o der Kommandeur
- o der Konstrukteur
- o der Kontrolleur
- o der Marodeur
- o der Masseur
- o der Monteur
- o der Operateur
- o der Parfümeur

- o der Profiteur
- o der Provokateur
- o der Redakteur
- o der Regisseur
- o der Saboteur
- o der Schwadroneur
- o der Souffleur
- o der Spediteur
- o der Transporteur
- o der Voyeur

Eccezioni: *das Interieur* (un oggetto inanimato, non una professione, ruolo o attività)

-ich: i nomi terminanti in *-ich* sono all'81 per cento maschili[38]

- o der Anstrich
- o der Ausgleich
- o der Bereich
- o der Deich (la diga)
- o der Fittich (uso poetico per l'ala; stessa categoria di *der Flügel*)
- o der Streich
- o der Strich
- o der Teich
- o der Teppich
- o der Vergleich
- o der Wüterich (un pazzo furioso, qualcuno che entra facilmente in collera)

-ig: der Honig, der Käfig, der Teig, der Pfennig

-iker: (maschile nel 100 per cento dei casi)

- o der Agnostiker

- o der Akademiker
- o der Alkoholiker
- o der Analytiker
- o der Aphoristiker
- o der Apokalyptiker
- o der Arithmetiker
- o der Asthmatiker
- o der Astrophysiker
- o der Automechaniker
- o der Bautechniker
- o der Biochemiker
- o der Botaniker
- o der Chemiker
- o der Computertechniker
- o der Diabetiker
- o der Dogmatiker
- o der Dramatiker
- o der Egozentriker
- o der Elektriker
- o der Elektroniker
- o der Elektrotechniker
- o der Epiker
- o der Epileptiker
- o der Esoteriker
- o der Ethiker
- o der Exzentriker
- o der Fanatiker
- o der Genetiker
- o der Grafiker/Graphiker
- o der Häretiker
- o der Heilpraktiker
- o der Historiker
- o der Hysteriker
- o der Informatiker
- o der Ironiker
- o der Keramiker
- o der Kernphysiker
- o der Klassiker

- o der Kleriker
- o der Komiker
- o der Kosmetiker
- o der Kritiker
- o der Kybernetiker
- o der Logiker
- o der Lyriker
- o der Marketingpraktiker
- o der Mathematiker
- o der Mechaniker
- o der Mimiker
- o der Musiker
- o der Mystiker
- o der Neurotiker
- o der Optiker
- o der Philharmoniker
- o der Physiker
- o der Polemiker
- o der Politiker
- o der Pragmatiker
- o der Praktiker
- o der Prognostiker
- o der Psychoanalytiker
- o der Psychotiker
- o der Rhetoriker
- o der Romantiker
- o der Sanguiniker
- o der Satiriker
- o der Skeptiker
- o der Statiker
- o der Statistiker
- o der Stoiker
- o der Taktiker
- o der Techniker
- o der Theoretiker
- o der Verschwörungstheoretiker
- o der Zahntechniker
- o der Zyniker

-ismus: (maschili nel 100 per cento dei casi)

- der Absolutismus
- der Abstimmungsmechanismus
- der Aktionismus
- der Aktivismus
- der Alkoholismus
- der Alpinismus
- der Altruismus
- der Anachronismus
- der Analphabetismus
- der Anarchismus
- der Anglizismus
- der Antagonismus
- der Antifaschismus
- der Antikonformismus
- der Antisemitismus
- der Aphorismus
- der Arabismus
- der Archaismus
- der Atavismus
- der Atheismus
- der Autismus
- der Automatismus
- der Behaviorismus
- der Bilingualismus
- der Bioterrorismus
- der Buddhismus
- der Calvinismus
- der Chauvinismus
- der Dadaismus
- der Darwinismus
- der Defätismus
- der Deismus
- der Despotismus
- der Determinismus

- o der Dogmatismus
- o der Druckmechanismus
- o der Egalitarismus
- o der Egoismus
- o der Egozentrismus
- o der Elektromagnetismus
- o der Eskapismus
- o der Euphemismus
- o der Evolutionismus
- o der Exhibitionismus
- o der Existentialismus
- o der Exorzismus
- o der Expressionismus
- o der Extremismus
- o der Fanatismus
- o der Faschismus
- o der Fatalismus
- o der Feminismus
- o der Fetischismus
- o der Feudalismus
- o der Finanzkapitalismus
- o der Föderalismus
- o der Fundamentalismus
- o der Funktionalismus
- o der Futurismus
- o der Germanismus
- o der Gigantismus
- o der Hedonismus
- o der Hellenismus
- o der Hinduismus
- o der Humanismus
- o der Idealismus
- o der Imperialismus
- o der Impressionismus
- o der Individualismus
- o der Intellektualismus
- o der Internationalismus
- o der Irrationalismus

- o der Islamismus
- o der Isolationismus
- o der Journalismus
- o der Judaismus
- o der Kalvinismus
- o der Kannibalismus
- o der Kapitalismus
- o der Katechismus
- o der Katholizismus
- o der Klassizismus
- o der Kollektivismus
- o der Kolonialismus
- o der Kommunismus
- o der Konformismus
- o der Konfuzianismus
- o der Konservatismus
- o der Konsultationsmechanismus
- o der Kreationismus
- o der Kubismus
- o der Kulturimperialismus
- o der Laizismus
- o der Leninismus
- o der Liberalismus
- o der Linksextremismus
- o der Lobbyismus
- o der Magnetismus
- o der Maoismus
- o der Marxismus
- o der Marxismus-Leninismus
- o der Masochismus
- o der Massentourismus
- o der Materialismus
- o der Mechanismus
- o der Metabolismus
- o der Mikroorganismus
- o der Militarismus
- o der Minimalismus
- o der Modernismus

- der Monotheismus
- der Moralismus
- der Multikulturalismus
- der Nationalismus
- der Nationalsozialismus
- der Naturalismus
- der Nazismus
- der Neoliberalismus
- der Neologismus
- der Neomarxismus
- der Nepotismus
- der Neuklassizismus
- der Nihilismus
- der Nonkonformismus
- der Nudismus
- der Ökotourismus
- der Opportunismus
- der Optimismus
- der Organismus
- der Paganismus
- der Parallelismus
- der Parlamentarismus
- der Paternalismus
- der Patriotismus
- der Pazifismus
- der Perfektionismus
- der Pessimismus
- der Platonismus
- der Pluralismus
- der Populismus
- der Pragmatismus
- der Professionalismus
- der Protektionismus
- der Protestantismus
- der Puritanismus
- der Radikalismus
- der Rassismus
- der Rationalismus

- o der Realismus
- o der Rechtsextremismus
- o der Rechtsradikalismus
- o der Republikanismus
- o der Revanchismus
- o der Revisionismus
- o der Sadismus
- o der Schutzmechanismus
- o der Separatismus
- o der Sexismus
- o der Sicherungsmechanismus
- o der Skeptizismus
- o der Snobismus
- o der Sozialismus
- o der Subjektivismus
- o der Surrealismus
- o der Syllogismus
- o der Syndikalismus
- o der Terrorismus
- o der Thatcherismus
- o der Tourismus
- o der Tribalismus
- o der Utilitarismus
- o der Utopismus
- o der Vandalismus
- o der Veganismus
- o der Vegetarismus
- o der Voyeurismus
- o der Vulgarismus
- o der Zionismus
- o der Zündungsmechanismus
- o der Zynismus

Kn-:

- o der Knabe
- o der Knacker

- o der Knall
- o der Knebel
- o der Kniff
- o der Knopf
- o der Knüppel
- o der Knoblauch
- o der Knochen

(Più consonanti troviamo all'inizio di una parola, più è probabile che sia un nome maschile.[39] Eccezione: das Knie).

-ling: (i nomi che finiscono in *-ling* ma non necessariamente in *-ing*[40] tendono a essere maschili)

- o der Abkömmling (il discendente, il derivato, la progenie)
- o der Ankömmling (il nuovo arrivato)
- o der Dichterling (un poeta di second'ordine)
- o der Drilling (la tripletta, il trio)
- o der Eindringling (l'intruso)
- o der Erdling (il terrestre)
- o der Flüchtling (il rifugiato)
- o der Frühling (la primavera)
- o der Lehrling (lo studente)
- o der Liebling (la persona cara)
- o der Säugling (l'infante)
- o der Schmetterling (la farfalla)
- o der Schützling (il protetto)
- o der Schwächling (il debole, il codardo)
- o der Zwilling (il gemello)

-mpf:

- o der Dampf (il vapore)
- o der Kampf

- o der Krampf
- o der Rumpf
- o der Strumpf
- o der Stumpf
- o der Sumpf (la palude)
- o der Trumpf

-ner: der Kenner (il conoscitore), der Ordner (il classificatore)

Eccezioni: *das Banner* (parola importata dall'inglese, quindi al neutro), *die Wiener* (quando si riferisce a *die Wiener Wurst*)

-og:

- o der Blog (anche *das* Blog)
- o der Dialog
- o der Herzog
- o der Katalog
- o der Monolog
- o der Smog
- o der Sog (la scia, come quella lasciata da un aereo, nave o crisi)
- o der Trog (il trogolo)

-on: der Marathon, der Thon

-pf: i nomi che terminano in *-pf* sono spesso maschili: der Kopf, der Zopf, der Napf, der Knopf, der Kropf, der Pfropf, der Schopf (il ciuffo), der Topf, der Gugelhupf, der Unterschlupf (il rifugio)

Schwa-: der Schwabe, der Schwachsinn, der Schwall, der Schwamm, der Schwan, der Schwank, der Schwanz (Eccezioni: die Schwalbe – la rondine, un uccello, con le terminazioni in *-e* tipicamente femminile).

-tel: vedi il paragrafo dedicato a *-el*

-u: terminazioni in *-u* non accentata

- o der Akku (abbreviazione per *der Akkumulator*, batteria)
- o der Bau
- o der Guru
- o der Klau
- o der Pneu (stessa categoria di *der Reifen*)
- o der Stau
- o der Tofu
- o der Uhu (un tipo di gufo; i volatili di taglia più grande tendono a essere maschili)

I nomi che terminano con *-u* accentata tendono a non essere maschili (gli esempi seguenti sono tutte parole importate, quindi neutre):

- o das Adieu
- o das Plateau
- o das Tabu
- o das Tiramisu

-uch: i nomi che terminano in *-uch* sono maschili o neutri

- o der Abbruch
- o der Besuch
- o der Bruch
- o der Einbruch
- o der Einspruch
- o der Eunuch
- o der Fluch
- o der Geruch/der Ruch

- o der Spruch
- o der Umbruch
- o der Unterbruch
- o der Versuch
- o der Zuspruch

Esempi al neutro:

- o das Buch
- o das Gesuch (una domanda scritta; i documenti tendono a essere neutri: *das Schreiben, das Wort, das Papier, das Blatt, das Dokument, das Buch*)
- o das Tuch

-ug: der Flug, der Abflug, der Ausflug, der Zug, der Anzug, der Einzug, der Umzug, der Unfug

-und: der Bund, der Grund, der Schund (il ciarpame), der Hund, der Fund, der Schwund (l'evanescenza, il decremento, il declino, l'abbassamento), der Schlund (la faringe), der Mund (Eccezione al neutro: *das Pfund*)

-us:

- o der Abakus
- o der Airbus
- o der Bonus
- o der Bus
- o der Campus
- o der Diskus
- o der Exodus
- o der Fiskus
- o der Fokus
- o der Kaktus
- o der Malus

- o der Modus
- o der Nexus
- o der Radius
- o der Status
- o der Tetanus
- o der Typhus
- o der Typus
- o der Zirkus
- o der Zyklus

Eccezioni al neutro:

- o das Genus (il genere grammaticale)
- o das Haus
- o das Minus
- o das Opus
- o das Plus
- o das Virus (nell'uso tecnico-scientifico si preferisce *das Virus*, ma nella lingua parlata possiamo trovarlo anche al maschile)

Eccezioni al femminile:

- o die Maus (gli animali di piccola taglia tendono al femminile)
- o die Venus (la dea romana e il pianeta)

I suoni sono anche correlati a quanto una parola sia lunga. Alcuni studi hanno dimostrato che i nomi con una sola sillaba tendono a essere soprattutto maschili, e poi, rispettivamente, neutri e femminili.[41]

Nomi monosillabici maschili (da notare la frequenza delle consonanti all'inizio e alla fine di tali nomi):

- o der Arm
- o der Darm
- o der Gott
- o der Spott
- o der Schrott
- o der Fuss
- o der Fluss
- o der Guss
- o der Kuss
- o der Schluss
- o der Schuss
- o der Schein
- o der Stein
- o der Wein
- o der Brei
- o der Schrei
- o der Klatsch
- o der Tratsch
- o der Druck
- o der Schluck
- o der Schmuck
- o der Schwanz
- o der Kranz
- o der Zins
- o der Mix
- o der Tee
- o der Chip
- o der Clip
- o der Trip

I nomi monosillabi che iniziano in *Kn-* tendono a essere maschili (specialmente se terminano in consonante):

- o der Knack
- o der Knall
- o der Knast
- o der Knauf

- o der Knecht
- o der Knick
- o der Kniff
- o der Knopf

(Eccezione: das Knie)

I nomi monosillabi che iniziano in -*t* tendono a essere maschili:

- der Staat

da cui derivano i seguenti nomi composti:

- o der Agrarstaat
- o der Bundesstaat
- o der Dienstleistungsstaat
- o der Einheitsstaat
- o der Feudalstaat
- o der Golfstaat
- o der Industriestaat
- o der Inselstaat
- o der Kirchenstaat
- o der Kleinstaat
- o der Küstenstaat
- o der Mitgliedsstaat
- o der Nachbarstaat
- o der Nationalstaat
- o der Ölstaat
- o der Oststaat
- o der Polizeistaat
- o der Rechtsstaat
- o der Satellitenstaat
- o der Schurkenstaat
- o der Sozialstaat
- o der Stadtstaat
- o der Vasallenstaat
- o der Wohlfahrtsstaat

- der Markt

da cui derivano molti nomi composti di uso frequente:

  o der Aktienmarkt
  o der Agrarmarkt
  o der Binnenmarkt
  o der Kreditmarkt
  o der Devisenmarkt

- der Saft

e tutta la grande famiglia dei succhi:

der Apfelsaft, der Fruchtsaft, der Hustensaft, der Orangensaft, der Tomatensaft, der Traubensaft, der Zitronensaft

- der Wert

da cui derivano un numero consistente di nomi composti, specialmente di uso tecnico, quando si deve misurare qualcosa:

  o der Anfangswert
  o der Anlagewert
  o der Anpassungswert
  o der Bauwert
  o der Bodenwert
  o der Bruttowert
  o der Buchungswert
  o der Buchwert
  o der Defaultwert
  o der Depotwert
  o der Dezimalwert
  o der Durchschnittswert
  o der Emissionswert
  o der Endwert

- o der Erfahrungswert
- o der Ertragswert
- o der Extremwert
- o der Gegenwert
- o der Geldwert
- o der Gesamtwert
- o der Grenzwert
- o der Grundwert
- o der Handelswert
- o der Höchstwert
- o der Indexwert
- o der Kalorienwert
- o der Kapitalwert
- o der Kaufwert
- o der Kennwert
- o der Kurswert
- o der Marktwert
- o der Maximalwert
- o der Mehrwert
- o der Mietwert
- o der Mindestwert
- o der Mittelwert
- o der Nettowert
- o der Nominalwert
- o der Realwert
- o der Restwert
- o der Seltenheitswert
- o der Sollwert
- o der Standardwert
- o der Toleranzwert
- o der Umrechnungswert
- o der Wiederverkaufswert

- der Test (e i nomi composti *der Abgastest, der Backtest, der Dopingtest*, ecc.)

- der Draht (il filo metallico, e i nomi composti da esso derivati: *der Stacheldraht*, il filo spinato)

- der Bart, der Start, der Wart (il custode, da cui anche *der Abwart*), ma *die Gegenwart*, perché sinonimo di *die Jetztzeit, die Präsenz*).

- Der Hut

I nomi monosillabi che finiscono in *-d* tendono a essere maschili:

der Brand, der Bund, der Feind, der Fjord, der Fund, der Held, der Herd, der Fond, der Grad, der Hund, der Mond, der Mund, der Neid, der Pfad, der Rand, der Sand, der Stand, der Sold, der Tod, der Trend, der Wind

Le eccezioni al neutro e al femminile si spiegano normalmente applicando la Regola 1 (le categorie).

- Sostantivi neutri monosillabi che terminano in *-d*: das Bad, das Bild, das Glied, das Kleid, das Gold (i metalli tendono a essere neutri), das Hemd, das Jod (le sostanze chimiche tendono a essere neutre), das Kind, das Land, das Leid, das Lied, das Rad, das Pferd, das Rind, das Pfund (le unità di peso tendono a essere neutre), das Feld, das Wild

- Altri sostantivi monosillabi neutri: das Bein (la gamba), das Blut (il sangue), das Buch, das Feld, das Floss, das Gut (come in *das Kulturgut*), das Haar (il capello), das Heim, das Herz (il cuore), das Ja, das Nein, das Jein (una risposta fra il sì e il no), das Kinn (il mento), das Knie (il ginocchio), das Ohr (l'orecchio), das Ross, das Schloss, das Sein, das Tuch, das Zelt

- Eccezioni al femminile di monosillabi che finiscono in *-d*: die Hand, die Jagd (vedi l'Introduzione per la spiegazione del genere femminile in questo caso), die Magd, die Wand (come altre forme piatte)

- Altri monosillabi che sono femminili: die Kur, die Uhr, die Nuss

- I nomi senza suffisso che derivano da verbi tendono a essere maschili:

  o fallen → der Fall
  o fangen → der Fang
  o fluchen → der Fluch
  o gehen → der Gang
  o hängen → der Hang
  o klingen → der Klang
  o küssen → der Kuss
  o sprechen → der Spruch
  o zwingen → der Zwang

- ma talvolta anche neutri:

  o spielen → das Spiel
  o zelten → das Zelt

- più raramente, tuttavia, femminili:

  o fliehen → die Flucht
  o wählen → die Wahl

-x:

Maschili: der Index, der Aktienindex, der DAX (Deutscher Aktienindex), der Bordeaux, der Komplex, der Kodex, der Reflex, der Sex

Femminili: die Box (sebbene importato dall'inglese, *Box* non è neutro ma è femminile, perché si trova nella stessa categoria *die Büchse,* un contenitore); die Mailbox, die Crux, die Matrix

Neutri: das Paradox (prestito dal greco antico che lo fa diventare neutro), das Präfix, das Suffix (i termini grammaticali tendono a essere neutri)

Die: Le regole che rendono un nome femminile

Regola 1: Categorie

I numeri e la matematica: die Nummer, die Ziffer, die Zahl, die Null, die Eins, die Drei, die Algebra, die Mathematik, die Geometrie, die Rechnung, die Steuer (la tassa)

Il tempo, specialmente i periodi brevi: die Zeit, die Uhr, die Stunde, die Minute, die Sekunde; i periodi più lunghi sono al neutro: das Jahr, das Jahrzehnt (il decennio), das Jahrhundert (il secolo), das Jahrtausend (il millennio), mentre quelli intermedi sono maschili: der Tag, der Monat. Le eccezioni si verificano quando un nome termina in -*e*: die Woche, die Dekade, die Epoche

L'autorità, il potere, il governo: die Kraft (la forza), die Macht (il potere), die Power, die Leistung, die Energie, die Stärke, die Festigkeit, die Belastbarkeit, die Gewalt (la violenza), die Befugnis (l'autorizzazione), die Wucht (l'impatto), die Potenz, die Mächtigkeit, die Herrschaft (la dominazione), die Vollmacht (la procura), die Behörde, die Autorität, die Regierung, die Kontrolle (il controllo, la supervisione), die Steuerung (la gestione), die Steuer (la tassa), die Zahlung (il pagamento)

Regole, permessi e limiti: die Regelung (il regolamento, la normativa), die Justiz, die Erlaubnis, die Frist, die Limitierung, die Grenze, die Begrenzung, die Beschränkung

La conoscenza e la saggezza: la conoscenza è un nome femminile sia in Latino che in Greco ed è considerato come femminile anche nella Bibbia, quindi non c'è da sorprendersi se in tedesco siano anche nomi femminili die Art, die

Besonnenheit, die Bildung, die Einsicht, die Gerechtigkeit, die Intelligenz, die Justiz, die Kenntnis, die Klugheit, die Kunst, die Methode, die Methodik, die Philosophie, die Ratio, die Sorgfalt, die Technik, die Technologie, die Umsicht, die Vorausschau, die Voraussicht, die Vorsicht, die Vernunft, die Weise, die Weisheit, die Weitsicht

La comunicazione: die Kommunikation, die Rede, die Frage, die Antwort,[42] die Replik, die Sprache, die Prosa, die Dichtung, die Sprachform, die Literatur, die Vorstellung, die Präsentation, die Metapher, die Übertragung, die Wiedergabe, dic Erwiderung, die Entgegnung, die Besprechung, die Kritik, die Rezension, die Darstellung, die Moderation, die Vorführung, die Fabel, die Floskel (una frase fatta, retorica). Le eccezioni possono essere spiegate in base alla Regola 2. I nomi che iniziano con *Ge-* tendono a essere neutri, quindi *das Gespräch, das Gerede*; i nomi che finiscono con *-og* tendono a essere maschili, quindi *der Dialog.*

Gli strumenti musicali: die Musik, die Orgel, die Flöte, die Harfe, die Mundharmonika, die Geige, die Violine, die Konzertina, die Gitarre, die Glocke, die Mandoline, die Oboe, die Trompete (per le eccezioni, vedi la nota[43])

Le forme:[44] die Form, die Figur, die Gestalt (forma, figura), die Gestaltung (la composizione), die Silhouette

- **Forme piane:**

  o die Ablage (il vassoio)
  o die Bildfläche (il campo dell'immagine)
  o die Bohle (l'asse, il tavolone)
  o die Bramme (la bramma)
  o die Decke (il soffitto)
  o die Ebene (il piano, il livello)
  o die Fläche (la superficie)
  o die Flanke (il fianco)
  o die Fliese (la piastrella)

- o die Kulisse (la quinta del teatro)
- o die Platte (la lastra, il pannello, la piastra)
- o die Schale (la crosta)
- o die Scheibe (la fetta)
- o die Schublade (il cassetto)
- o die Seite
- o die Tafel (la lavagna)
- o die Theke (il bancone)
- o die Tischplatte (il piano della tavola)
- o die Tragfläche (l'apertura alare)
- o die Tür
- o die Wand (il muro), die Mauer (il muro di difesa)

- **Forme appuntite:**

  - o die Brosche (lo spillone)
  - o die Forke (la forca)
  - o die Gabel (la forchetta)
  - o die Klinge, die Schneide (la lama, la spada)
  - o die Lanze (la lancia)
  - o die Nadel (l'ago)
  - o die Schraube (la vite)
  - o die Spitze (la sommità, il picco, la punta)
  - o die Spritze (la siringa)
  - o die Zinke (il rebbio, il dente di una forca)

- **Forme a tenaglia:**

  - o die Klaue (la grinfia)
  - o die Kralle (l'artiglio)
  - o die Pratze (il gancio)
  - o die Schere (le forbici)
  - o die Zange (la pinza, la tenaglia)

- **Forme cave:**

  - o die Box

- o die Büchse (la scatola, la lattina)
- o die Dose (la lattina)
- o die Flasche
- o die Grotte
- o die Höhle (la caverna, la tana)
- o die Hülle (l'involucro)
- o die Kiste (la cassa)
- o die Röhre
- o die Schachtel (la scatola)
- o die Schlucht (la gola, il burrone)
- o die Schüssel (la ciotola, la scodella)
- o die Trommel (il tamburo, il cilindro)
- o die Tube

La maggior parte die fiumi in Europa centrale: die Aare, die Limmat, die Reuss, die Rhone, die Donau, die Mosel, die Elbe, die Weser, die Oder (eccezioni: *der Rhein, der Main*) e i fiumi extraeuropei che terminano in -*a* o -*e*

La caccia: la 'femminilità' deriva delle dee della caccia dell'antichità greca e romana, Artemis e Diana: die Jagd, die Suche, die Verfolgung, die Hetze, die Flucht, die Wildnis

Alimenti: die Nahrung (l'alimento, la dieta, il nutrimento), die Speise (il piatto, il cibo, la pietanza), die Kost (il vitto), il cibo prodotto dalle femmine di mammifero: die Milch, die Muttermilch (latte materno)

I gesti: die Geste (il gesto), die Gestik**,** die Gebärde, die Bewegung, die Attitüde, die Körperhaltung, die Haltung, die Körpersprache, die Positur, die Stellung, die Pose

I segnali marittimi, la marina e le imbarcazioni: die Bake (il gavitello), die Boje (la boa), die Tonne (la boa), die Marine (la marina), die Handelsmarine, die Kriegsmarine, die Flotte, die Navy, die Jacht/die Yacht

Le temperature (in termine di estremi): die Temperatur

o il calore e i luoghi caldi: die Sonne, die Glut (la brace, ma anche l'ardore), die Wärme, die Hitze, die Wüste, die Sahara, die Hölle, die Heizung, die Wärmesenke (la dissipazione termica)

o il freddo e i luoghi freddi: die Kälte, die Frostigkeit, die Erkältung, die Arktis, die Antarktis, die Kühle

Le marche di motociclette: die BMW (solo la motocicletta, non l'automobile), die Yamaha

Tipi di aeromobili: die Boeing 747, die Challenger, die Tupolew; ma *der Airbus* a causa di *der Bus*

I nomi delle imbarcazioni (anche nei casi in cui il nome sarebbe altrimenti maschile): die Bismarck, die Titanic, e nonostante la categoria superiore sia neutra (das Schiff, das Boot)

Animali: i nomi che finiscono in *-e* (die Schildkröte, die Giraffe, ma non sempre) o in *-in* (die Löwin), o animali domestici che ci danno latte (die Kuh, die Geiss, die Ziege) o uova (die Gans, die Henne) o piccoli animali il cui nome non finisce in *-er* (die Maus) sono generalmente femminili

Molti tipi di uccelli: (specialmente i più piccoli) die Amsel (il merlo), die Drossel (il tordo), die Ente (l'anatra), die Elster (la gazza, è un raro esempio di nome che finisce in *-er* ed è femminile perché anticamente il nome finiva in *-e*), die Eule (il gufo), die Gans (la papera), die Krähe (la cornacchia), die Möwe (il gabbiano), die Nachtigall (il passerotto), die Schwalbe (la rondine), die Taube (la colomba), die Wachtel (la quaglia). Ci sono alcune rare eccezioni di nomi di uccelli che finiscono con una vocale tipicamente associata a un nome femminile: der Falke (il falco), der Papagei (il pappagallo)

Molti insetti sono femminili: (specialmente se hanno la terminazione in -*e,* tipicamente femminile) die Ameise, die Biene, die Fliege, die Grille, die Libelle, die Mücke, die Spinne, die Wespe, die Zecke, die Zikade; c'è tuttavia un vasto gruppo di insetti con terminazioni tipicamente maschili, come der Käfer, der Floh

Molti alberi sono femminili: die Buche (il faggio), die Eiche (la quercia), die Birke, die Kiefer, die Palme, die Pappel (il pioppo), die Tanne. Alcune eccezioni: der Ahorn (l'acero), der Wacholder (il ginepro)

I fiori: (specialmente quelli terminanti in -*e*) die Rose, die Tulpe, die Nelke (il garofano), die Mimose, die Chrysantheme, con diverse eccezioni, specialmente se terminanti in -*en* usato nei diminutivi, il che comporta una associazione col neutro: das Stiefmütterchen (la viola del pensiero), das Veilchen (la violetta).

La frutta: die Ananas, die Apfelsine, die Aprikose, die Banane, die Birne, die Erdbeere, die Dattel, die Feige, die Guave, die Grapefruit, die Kiwi, die Kirsche, die Kokosnuss, die Kumquat, die Litschi, die Mandel, die Mango, die Melone, die Nuss, die Orange, die Pflaume, die Quitte, die Zitrone (eccezioni: der Apfel, der Granatapfel, der Pfirsich – questi ultimi seguono la regola del suono: i nomi che finiscono in -*el* sono prevalentemente maschili; così come i nomi che contengono molte consonanti, come *Pfirsich*)

Le marche di dentifricio: die Zahnpasta, die Colgate

Il carattere di scrittura: die Helvetica

Software: die Software (sinonimo di *die Programmausstattung*), die Malware, die Ransomware (*die Erpressersoftware*), die Applikation (che comporta l'abbreviazione *die App,* o se consideriamo la parola come riferita a *das Programm*, allora possiamo darle il genere neutro, entrambi i generi sono accettati)

I nomi che qualificano persone o ruoli femminili: die Mutter, die Tochter, die Frau, die Schwester, ma non sempre. Eccezioni: das Mädchen (a causa della Regola 2: i diminutivi sono neutri). La terminazione -*in* viene solitamente utilizzata per connotare esplicitamente il femminile quando si ha un altro nome simile al maschile: die Lehrerin, die Kaiserin, die Königin, die Ärztin.

Regola 2: suoni

In tedesco, come in greco e in latino, le parole che terminano in -*a* e -*e* hanno una maggiore probabilità di essere femminili.

-a: I sostantivi che terminano in -*a* tendono a essere femminili, specialmente se le loro radici provengono da nomi in greco o in latino che terminano in -*a*, ma questo non è sempre il caso (vedi sotto): die Ära, die Agenda, die Algebra, die Angina, die Aorta, die Arena, die Aula, die Diva, die Fauna, die Flora, die Gala, die Kamera, die Lava, die Lira, die Mama, die Malaria, die Pasta, die Paella, die Peseta, die Pizza, die Quinoa, die Sauna, die Siesta, die Villa, die Viola

Eccezioni: nomi di origine greca che terminano in -*ma*

- o das Aroma
- o das Asthma
- o das Charisma
- o das Drama
- o das Dilemma
- o das Dogma
- o das Klima
- o das Komma
- o das Magma
- o das Plasma
- o das Schema
- o das Schisma

- das Sperma
- das Stigma
- das Thema
- das Trauma

Ma *die Firma* (perché non ha origine greca ed è un sinonimo di *die Gesellschaft*)

-acht: die Acht, die Fracht, die Macht, die Pracht, die Jacht/Yacht, die Pacht, die Tracht, die Wacht (la guardia), die Zwietracht (la discordia), die Eintracht (l'armonia); ma *der* Verdacht (il sospetto)

-ade: die Arkade, die Akkolade, die Ballade, die Barrikade, die Brigade, die Blockade, die Marmelade, die Fassade, die Dekade, die Eskapade, die Parade, die Gnade, die Gerade, die Kaskade, die Schublade, die Limonade, die Marinade, die Passage, die Schokolade, die Olympiade, die Promenade, die Roulade, die Serenade, die Tirade

-age: die Garage, die Montage, die Etage, die Spionage, die Persiflage, die Blamage

-anz: die Bausubstanz, die Bilanz, die Brillanz, die Diskrepanz, die Dominanz, die Eleganz, die Instanz, die Toleranz (ma *der Kranz* perché nomi di una sola silaba tendono a essere maschili)

-art: Alcuni nomi derivati da *die Art*: die Eigenart, die Gangart, die Sportart, die Tonart

-e: Nomi che finiscono in *-e* sono femminili nel circa 90 per cento dei casi.[45] Nomi che terminano in *-e* sono generalmente femminili se non si riferiscono a una persona di sesso maschile (*der Junge*) e non cominciano con la sillaba atona *Ge- (der Gedanke)*. Altre eccezioni sono elencate di seguito. I nomi con un suffisso derivato *-e* sono sempre femminili: reden → die Rede (il discorso), flach (piano) → die Fläche (la superficie). Nota anche che l'aggiunta di *-e* alla fine del sostantivo significa che è pronunciata, il che significa che le parole brevi che terminano in una -e devono avere più di una sillaba. Ciò aiuterebbe a spiegare perché le parole di una sillaba hanno meno probabilità di essere femminili; statisticamente, sono generalmente maschili.

Esempi di nomi femminili che finiscono in -e:

die Adresse, die Ameise, die Analyse, die Banane, die Beute, die Biene, die Bitte, die Blume, die Bremse, die Brücke, die Decke, die Diagnose, die Ebbe, die Ecke, die Ehe, die Erde, die Fahne, die Falle, die Farbe, die Flagge, die Fliege, die Flöte, die Frage, die Freude, die Gasse, die Giraffe, die Gitarre, die Grenze, die Hose, die Jacke, die Kanne, die Kante, die Kappe, die Karte, die Kirsche, die Klasse, die Kleie (la crusca), die Krabbe, die Kreide, die Krise, die Krücke, die Lampe, die Liebe, die Lippe, die Liste, die Lücke, die Lüge, die Lunge, die Masse, die Matte, die Melone, die Messe, die Minute, die Motte, die Narbe, die Nase, die Nonne, die Oase, die Oboe, die Pause, die Pfanne, die Pflanze, die Pflaume, die Presse, die Rasse, die Ratte, die Reise, die Rolle, die Sache, die Schlange, die Schnecke, die Schokolade, die Schule, die Seele, die Seite, die Sekunde, die Socke, die Sonne, die Sorge, die Spange, die Speise, die Spinne, die Sprache, die Strasse, die Strecke, die Stunde, die Suche, die Summe, die Suppe, die Taille (la vita), die Tanne, die Tasse, die Toilette, die Tomate, die Tonne, die Treue, die Trompete, die Vase, die Violine, die Waffe, die Wange, die Wespe, die Wiese, die Wonne (la letizia), die Zange, die Zecke, die Zelle, die Zinswende, die Zunge

Solo meno del dieci per cento dei nomi che terminano in -e sono maschili. Dal momento che la terminazione -e statisticamente non è tipicamente maschile, alcuni nomi di questo tipo sono chiamati "nomi deboli". Un nome alternativo per alcuni nomi di questo gruppo è "declinazione N" perché in genere aggiungono una "n" extra al singolare accusativo, dativo e genitivo.

Esempi di nomi maschili che finiscono in -*e*:

- o der Buchstabe
- o der Friede
- o der Funke
- o der Gedanke
- o der Junge
- o der Name
- o der Same
- o der Wille

Alcune nazionalità che finiscono in -*e* sono maschili:

der Afghane, der Baske, der Brite, der Bulgare, der Chinese, der Däne, der Franzose, der Grieche, der Ire, der Kroate, der Kurde, der Mongole, der Pole, der Russe, der Schotte, der Türke

Alcuni nomi che descrivono persone o funzioni e che finiscono in -*e* sono maschili:

- o der Angsthase
- o der Bote
- o der Bube
- o der Bursche
- o der Erbe (l'erede; l'eredità = *das Erbe*)
- o der Experte
- o der Gatte
- o der Gefährte (il compagno)
- o der Heide
- o der Insasse
- o der Junge
- o der Junggeselle
- o der Knabe
- o der Kollege
- o der Kommilitone (il commilitone)
- o der Komplize

- o der Kunde
- o der Laie
- o der Neffe
- o der Riese
- o der Sklave
- o der Zeuge

Alcuni nomi di animali che finiscono in -*e* sono maschili:

- o der Affe
- o der Bulle
- o der Drache
- o der Hase
- o der Falke
- o der Löwe
- o der Ochse
- o der Rabe
- o der Schimpanse
- o der Welpe (il cucciolo – una eccezione poco comune alla regola che i diminutivi tendono a essere neutri)

Alcune professioni che finiscono in -*e* sono maschili:

der Biologe, der Gynäkologe, der Pädagoge, der Soziologe, der Stratege (lo stratega)

Un nome frequentemente usato che termina in -*e* ed è maschile è *der Käse*. Questo deriva dalla parola latina per formaggio, *caseus*, che è maschile. Il termine conservò il genere maschile poiché esisteva già un nome in lingua tedesca per il formaggio tenero, *der Quark*.

Meno dell'uno per cento dei nomi che terminano in -*e* sono neutri:

- o das Auge
- o das Ende
- o das Erbe (l'eredità, la persona che eredita = *der Erbe*)

- o das Finale (italiano)
- o das Genre (parola importata dal francese, il che la rende neutra)
- o das Image (francese)
- o das Interesse (di origine latina, il che lo rende neutro)
- o das Karate (i tipi di sport sono generalmente neutri)
- o das Konklave (di origine latina, il che lo rende neutro; questo sostantivo è nella stessa categoria neutra di *das Gemach*, la stanza)
- o das Prestige (francese)
- o das Prozedere (deriva dall'italiano)
- o das Regime (francese)

Nomi che finiscono in -*e* ma che iniziano con *Ge*- tendono a essere neutre

- o das Gefrage
- o das Gebirge
- o das Gebäude
- o das Gemälde

Nomi derivati da aggettivi sono generalmente neutri: das Gute, das Böse

-ee:

- o die Allee (sinonimo di *die Strasse*)
- o die Armee (sinonimo di *die Wehrmacht, die Wehr, die Bundeswehr, die Abwehr*, dai quali deriva anche *die Feuerwehr*)
- o die Fee
- o die Idee
- o die Matinee
- o die Moschee
- o die Odyssee
- o die Orchidee
- o die Soiree
- o die Tournee

Poi troviamo anche il nome *die See* (mare), che diventa "lago" quando usato come nome maschile perché le acque interne, come fiumi, dighe, canali sono maschili: *der See*. Questo non è molto diverso da altre lingue, dove un lago può anche essere chiamato mare, come nel "Mare di Galilea". Nota che il tedesco ha diverse parole per mare, ognuna con un genere diverso: *die See* (mare), *das Meer* e *der Ozean* (l'oceano: mare molto esteso fra continenti). Il mare è abbastanza potente, quindi, da poter violare la Regola 1: categorie di cose simili tendono ad avere un genere simile.

Eccezioni: parole che, essendo di solito importate, tendono a essere di genere neutro:

- o das Exposee/Exposé
- o das Frisbee
- o das Kanapee
- o das Klischee
- o das Komitee
- o das Kommunikee
- o das Negligee
- o das Püree
- o das Renommee
- o das Resümee
- o das Soufflee/Soufflé

-ei/-erei: Se il nome è stato formato da un altro nome o verbo aggiungendo *-erei*, allora sarà sempre femminile

- o die Angeberei (la fanfaronata)
- o die Aufschneiderei (la bravata)
- o die Augenwischerei (l'ingaggiare una finzione / fingere)
- o die Bäckerei (il panificio)
- o die Bauernfängerei (l'imbroglio, la truffa)
- o die Beisserei (combattimento con l'uso dei denti)
- o die Bergsteigerei (l'alpinismo)
- o die Betrügerei (la frode)

o die Bildhauerei (la scultura)
o die Brandmalerei (la pirografia)
o die Brauerei (la fabbrica di birra)
o die Brennerei (la distilleria)
o die Bücherei (la libreria)
o die Druckerei (la tipografia)
o die Duzerei (l'atto di riferirsi alla gente utilizzando il
  pronome *Du* informale, invece che il *Sie* più formale)
o die Effekthascherei (l'intrattenimento economico)
o die Faulenzerei (la poltronaggine, l'oziare)
o die Feinbäckerei (la pasticceria)
o die Fischerei (l'industria della pesca)
o die Fleischerei (il mercato della carne)
o die Flickerei (il rattoppo)
o die Fliegerei (l'aviazione)
o die Flunkerei (il racconto)
o die Försterei (il luogo in cui vive o lavora una guardia
  forestale)
o die Freibeuterei (la pirateria)
o die Freimaurerei (la massoneria)
o die Gaunerei (la birboneria)
o die Geheimniskrämerei (la segretezza)
o die Geheimnistuerei (la cultura della segretezza)
o die Geheimtuerei (la collusione, tipicamente fatta in
  segreto)
o die Gerberei (la conceria)
o die Giesserei (la fonderia)
o die Gleichmacherei (il livellamento / il rendere le cose
  uguali)
o die Haarspalterei (il taglio di capelli)
o die Hehlerei (la ricettazione)
o die Heimlichtuerei (il fatto di fare il misterioso)
o die Hellseherei (la chiaroveggenza)
o die Hexerei (la stregoneria)
o die Imkerei (apicoltura)
o die Jägerei (caccia)
o die Kaffeerösterei (la torrefazione del caffè)
o die Käserei (il caseificio)

- o die Kellerei (la cantina vinicola)
- o die Ketzerei (l'eresia)
- o die Kinderei (l'infantilismo)
- o die Klempnerei (il lavoro di idraulica)
- o die Kletterei (l'arrampicata)
- o die Knallerei (il rumore forte in corso)
- o die Küsserei (il baciarsi costantemente)
- o die Landstreicherei (il vagabondaggio)
- o die Lautmalerei (l'onomatopea)
- o die Leichenfledderei (il fatto di derubare persone morte)
- o die Liebedienerei (il comportamento sottomesso, il servilismo)
- o die Liebhaberei (il diletto, la passione)
- o die Lügerei (il fatto di mentire in continuazione)
- o die Malerei (la pittura)
- o die Massenschlägerei (la rissa di massa / la lotta libera)
- o die Metzgerei (la macelleria)
- o die Meuterei (l'ammutinamento)
- o die Molkerei (dove i contadini portano il latte)
- o die Rechthaberei (il fatto di voler sempre avere ragione / la prepotenza)
- o die Reederei (la compagnia di spedizioni)
- o die Schlamperei (il pressapochismo, la trascuratezza)
- o die Schlemmerei (la gola)
- o die Schönfärberei (il fatto di fingere che le cose siano migliori di quanto non lo siano)
- o die Schreinerei (il laboratorio di falegnameria)
- o die Schufterei (la fatica)
- o die Schurkerei (il comportamento malvagio)
- o die Schwarzmalerei (il fatto di vedere sempre il mezzo bicchiere vuoto)
- o die Schweinerei (la sozzeria, la schifezza)
- o die Seeräuberei (la pirateria marittima)
- o die Sklaverei (la schiavitù)
- o die Vereinsmeierei (l'esagerato senso di importanza per essere membro di uno o più club)
- o die Vielweiberei (la poligamia)
- o die Völlerei (la gola, l'abbuffata)

- o die Waffenmeisterei (l'armeria)
- o die Wahrsagerei (la chiromanzia)
- o die Weberei (lo stabilimento di tessitura)
- o die Wichtigtuerei (il fatto di fingere di essere importante, atteggiamento pomposo)
- o die Wilddieberei (il bracconaggio)
- o die Wortklauberei (la pedanteria)
- o die Zahlenspielerei (il gioco con numeri),
- o die Zauberei (la magia)
- o die Zuhälterei (lo sfruttamento)
- o die Zuträgerci (il pettegolezzo)

Nomi femminili che finiscono in -ei ma non in -erei: die Abtei, die Anwaltskanzlei, die Arznei, die Bastelei, die Bettelei, die Bummelei, die Bundeskriminalpolizei, die Bundespartei, die Detektei, die Polizei, die Kanzlei, die Partei

Eccezioni: nomi neutri che finiscono in -ei: das Ei, das Geschrei (inizia con Ge-, il che lo rende neutro)

Eccezioni: nomi maschili che finiscono in -ei: der Papagei (animali grandi tendono a essere maschili), der Schrei (nome monosillabico sinonimo di der Ruf, der Hilferuf)

-enz: die Intelligenz, die Konsequenz, die Existenz, die Tendenz, die Frequenz

-falt: die Vielfalt, die Sorgfalt

-grafie/graphie: die Biografie, die Orthografie

-heit: die Dummheit, die Freiheit, die Gesundheit, die Sicherheit, die Wahrheit (ma *das Fahrenheit*, perché le unità di misura della temperatura tendono a essere neutri[46])

-icht: Visto che *Sicht* è femminile, ci sono parecchi nomi con questa radice che sono femminili

o die Sicht (la valutazione, la visuale)
o die Absicht (l'intenzione)
o die Ansicht (l'opinione)
o die Aufsicht (la supervisione)
o die Aussicht (la prospettiva)
o die Einsicht (l'intendimento, la visione)
o die Hinsicht (l'aspetto)
o die Nachsicht (l'accondiscendenza)
o die Übersicht (il quadro d'insieme, il sommario)
o die Vorsicht (la cautela, l'attenzione)

In questa categoria di nomi femminili troviamo anche *die Gicht* (la gotta), *die Nachricht, die Pflicht, die Schicht* (lo strato, il turno)

Dato che i nomi che iniziano con *Ge-* tendono a essere neutri, abbiamo:

o das Gedicht
o das Gericht
o das Gesicht
o das Gewicht

Altri nomi con questa terminazione includono *das Licht* e i suoi molti derivati, compreso *das Zwielicht* (il crepuscolo).

Nomi maschili che finiscono in *-icht* comprendono:

o der Bericht (il rapporto, il rendiconto) imparentato con *der Unterricht* (l'insegnamento, l'educazione, che una volta erano più legati al mondo maschile)
o der Bösewicht (il malvagio)
o der Habicht (l'astore)
o der Verzicht (la rinuncia, l'abbandono)
o der Wicht (il folletto)

-ie: I nomi che finiscono in *-ie* sono femminili nel 95 per cento dei casi:[47] die Biologie, die Demokratie, die Diplomatie, die Familie, die Magie, die Melodie, die Monotonie, die Philosophie, die Psychologie, die Studie

Eccezioni (i nomi maschili che finiscono in *-ie* si riferiscono normalmente a persone): der Hippie, der Junkie

Eccezioni (i nomi neutri che finiscono in *-ie* si riferiscono normalmente a oggetti inanimati o a una categoria generale oppure sono parole che iniziano con *Ge-*): das Knie, das Genie, das Selfie

-ik: die Musik, die Politik, die Physik, die Klassik, die Gotik, die Romantik, die Kritik, die Logik, die Ethik, die Symbolik, die Mechanik (eccezione al neutro: das Mosaik)

-in: die Doktrin (la dottrina) e professioni o ruoli con l'aggiunta della terminazione *-in*: die Ärztin, die Studentin

Eccezioni (nomi maschili che finiscono in *-in*):

o der Cousin (cugino, come *der Vetter*)
o der Delphin (i grandi mammiferi sono generalmente maschili)
o der Harlekin (l'arlecchino)
o der Kamin (il camino, come *der Schornstein*)
o der Rosmarin (le spezie sono generalmente maschili)
o der Termin (dal latino per *der Genzstein*, anche col significato di *der Zeitpunkt*)
o der Urin (perché i prodotti di scarto tendono a essere maschili; la parola originale era anche maschile: der Harn)

Eccezioni (nomi neutri che finiscono in *-in*; generalmente sostanze chimiche):

o das Adrenalin
o das Benzin

- o das Cholesterin
- o das Hämoglobin
- o das Heroin
- o das Insulin
- o das Toxin

-itis/-tis: termini di medicina, come die Appendizitis, die Arthritis, die Gastroenteritis, die Konjunktivitis, die Meningitis, die Parodontitis, die Sinusitis. Anche due continenti con questa terminazione sono femminili: die Arktis, die Antarktis)

-keit: die Möglichkeit, die Schnelligkeit, die Schwierigkeit, die Unzulänglichkeit (l'insufficienza, l'inadeguatezza)

-logie: die Biologie, die Meteorologie

-t: Nomi che finiscono in -*t* derivati da verbi

- o die Ankunft (ankommen)
- o die Arbeit (arbeiten)
- o die Fahrt (fahren)
- o die Geburt (gebären)
- o die Haft (haften)
- o die Schrift (schreiben)
- o die Sicht (sehen)
- o die Tat (tun)

Alcuni nomi monosillabi femminili che finiscono in -*t*:

- o die Faust (il pugno, stessa categoria di *die Hand)*
- o die Flut (stessa categoria di *die Strömung, die Überschwemmung, die Ebbe, die Wassermasse)*
- o *die Frist* (la scadenza, il termine, molte parole riferite al tempo o ai limiti sono femminili)
- o die Front (stessa categoria femminile di *die Vorderseite, die Gefechtslinie)*

- o die Haft (stessa categoria di *die Gefangenschaft, die Beschlagnahme, die Gefangennahme, die Fesselung)*
- o die Haut (stessa categoria di *die Schale, die Umhüllung)*
- o die Not (stessa categoria di *die Schwierigkeit, die Bedrängnis)*
- o die Pest (derivato da *die Pestilenz*, stessa categoria di *die Epidemie, die Plage, die Seuche, die Qual)*
- o die Welt (stessa categoria di *die Erde, die Erdkugel)*
- o die Wut (stessa categoria di *die Raserei, die Erregung)*

Eccezioni (neutre): das Blut (il sangue), das Fett (nomi che finiscono in *-tt* tendono a essere neutri), das Nest *(*stessa categoria neutra di *das Heim, das Bett*)

Eccezioni (al maschile): der Geist (il che rende i tre componenti della Trinità maschili: der Vater, der Sohn und der Heilige Geist); der Test, der Rest

-ft: I nomi che finiscono in *-ft* sono femminili nella grande maggioranza dei casi: die Haft, die Kraft, die Luft, die Vernunft; ma visto che i nomi che iniziano con *G-* sono generalmente neutri, non c'è da sorprendersi che *das Gift* sia una eccezione.

-cht: Nomi che finiscono in *-cht* sono femminili nel 64 per cento dei casi[48]

- o die Absicht (l'intenzione)
- o die Acht (i numeri sono femminili)
- o die Bucht (la baia, l'insenatura)
- o die Drogensucht (la tossicodipendenza)
- o die Eifersucht (la gelosia)
- o die Eintracht (l'armonia)
- o die Fettsucht (l'obesità)
- o die Fracht (il carico)
- o die Gefallsucht (la civetteria)
- o die Gelbsucht (l'ittero)
- o die Gewinnsucht (l'avidità di guadagno)
- o die Habsucht (l'avidità)

o die Ichsucht (l'egocentricità)
o die Macht (il potere)
o die Magersucht (l'anoressia)
o die Nacht (la notte, stessa categoria di *die Dunkelheit, die Finsternis, die Düsterkeit*)
o die Pflicht (il dovere, l'obbligo)
o die Pracht (lo splendore, il fasto)
o die Sehnsucht (il desiderio, la nostalgia)
o die Selbstsucht (l'egoismo)
o die Sicht (la visuale, il parere)
o die Spielsucht (il gioco d'azzardo compulsivo)
o die Streitsucht (la litigiosità)
o die Sucht (la dipendenza)
o die Tobsucht (la frenesia)
o die Trunksucht (l'alcolismo)
o die Wassersucht (condizione medica: l'idropisia)

I nomi che terminano in *-cht* sono maschili il 22 per cento dei casi e di solito riguardano persone: der Wicht (il folletto), der Bösewicht (il malvagio).

I nomi che terminano in *-cht* sono neutri il 15 per cento delle volte, specialmente nei casi in cui il nome si riferisce a oggetti inanimati e/o inizia con *-Ge*: das Gesicht (il volto)

-orm: die Form, nome dal quale derivano: die Anredeform, die Plattform, die Reform, die Staatsform, die Uniform); die Norm

-tät: die Aktivität, die Elektrizität, die Identität, die Integrität, die Kapazität, die Lokalität, die Majestät, die Marktvolatilität, die Nationalität, die Pietät, die Priorität, die Qualität, die Universität

-thek: die Bibliothek, die Diskothek

-tion, **-sion**, **-gion**, **-xion**, **-lion**, **-nion:** die Nation, die Mission, die Religion, die Reflexion, die Million, die Union, die Diskussion, die Koalition, die Situation, die Funktion

-schaft:

- o die Botschaft (l'ambasciata / il messaggio)
- o die Bruderschaft (la fratellanza / la fraternità)
- o die Eigenschaft (la caratteristica / la proprietà)
- o die Freundschaft
- o die Genossenschaft (la cooperativa)
- o die Gesellschaft
- o die Hiobsbotschaft (la notizia funesta)
- o die Herrschaft (il controllo/ il dominio)
- o die Mannschaft (la squadra)
- o die Seilschaft (la cordata)
- o die Wirtschaft

-sis: die Basis, die Dosis, die Genesis, die Katharsis, die Skepsis

-ung: I nomi che finiscono in *-ung*, specialmente se contengono piu di una sillaba, sono generalmente femminili:

- o die Abteilung
- o die Abwägung (la valutazione)
- o die Anlegerstimmung
- o die Bedeutung
- o die Bedingung
- o die Beobachtung
- o die Beratung
- o die Bewegung
- o die Beziehung
- o die Bildung
- o die Einführung
- o die Endung
- o die Erfahrung
- o die Erfindung

- o die Erklärung
- o die Erzählung
- o die Erziehung
- o die Forschung
- o die Handlung
- o die Landung
- o die Leistung
- o die Leitung
- o die Lösung
- o die Neigung
- o die Öffnung
- o die Ordnung
- o die Prüfung
- o die Regierung
- o die Rettung
- o die Richtung
- o die Sammlung
- o die Sendung
- o die Siedlung
- o die Spannung
- o die Stimmung
- o die Übung
- o die Veränderung
- o die Verbindung
- o die Verfolgung
- o die Verletzung
- o die Vorlesung
- o die Währung
- o die Warnung
- o die Werbung
- o die Wirkung
- o die Wohnung
- o die Zeichnung
- o die Zeitung

Sono una eccezione i monosillabi che finiscono in *-ung* perché di solito i monosillabi sono maschili:

o der Dung (il concime)
o der Schwung
o der Sprung

-ur: (ma non *-eur*[49]) I nomi che finiscono in *-ur* o *-ür* sono femminili nel 93 per cento dei casi[50]

o die Agentur
o die Armatur (la rubinetteria, l'armatura)
o die Frisur
o die Glasur
o die Kultur
o die Literatur
o die Natur
o die Reparatur
o die Spur
o die Tastatur
o die Temperatur

Eccezioni (maschili nel 5 per cento dei casi): der Merkur (Mercurio, stessa categoria di *der Mars*, *der Saturn*, *der Jupiter* e *der Neptun*)

Eccezioni (neutre nel 2 per cento dei casi): das Abitur (importato dal latino *Abiturium*)

-ür: die Tür, die Willkür (ma *das Gespür* perché i nomi che iniziano in *Ge-* sono generalmente neutri)

Das: Le regole che rendono i nomi neutri

Regola 1: Categorie

I nomi che si riferiscono a categorie generali o a gruppi di cose inanimate sono generalmente neutri: (vedi la figura 1 della Introduzione per avere una idea schematica di questo principio)

- das All/das Universum: l'universo è neutro; i suoi molti componenti hanno generi diversi
- das Alter/das Altertum/das Altsein
- das Besteck: der Löffel, die Gabel, das Messer
- das Ding
- das Erzeugnis: das Glaserzeugnis
- das Fleisch
- das Gerät
- das Gesicht: der Mund, die Nase, das Ohr
- das Geflügel (il pollame): der Hahn, die Henne, das Küken
- das Getränk: der Wein, der Saft
- das Gewürz: der Pfeffer, das Salz
- das Gut: das Massengut, das Kulturgut, das Landgut
- das Insekt
- das Instrument
- das Kleid: das Abendkleid, das Brautkleid
- das Mahl: das Essen
- das Mehl
- das Material
- das Obst
- das Pferd
- das Produkt: das Agrarprodukt, das Industrieprodukt
- das Rind: der Bulle, die Kuh, das Kälbchen

- das Schiff/das Boot
- das Tier
- das Wild (la selvaggina)
- das Wort
- das Zeug: das Werkzeug

Lettere dell'alfabeto: das A, das B, compresa das Eszett (la lettera ß)

Le lingue sono generalmente neutre: das Deutsch, das Englisch, das Latein

Alcuni termini grammaticali / parti del discorso: das Adjektiv, das Attribut, das Futur (tempo verbale), das Perfekt (tempo verbale), das Präfix, das Präteritum (tempo verbale), das Nomen, das Substantiv, das Suffix, das Verb, das Wort, das Komma

Eccezioni: i casi grammaticali (perché appartengono alla categoria maschile di "caso"; *der Kasus, der Fall)*, come *der Nominativ, der Akkusativ, der Dativ, der Infinitiv, der Superlativ*

I nomi che derivano da verbi all'infinito: das Essen, das Schreiben, das Laufen, das Schwimmen

I nomi che derivano da aggettivi (che non si riferiscono a una persona o cosa)**:** das Gute, das Böse, das Schöne, das Ungeheure (enorme, immenso), das Neue, das Gleiche, das Ganze

I colori: das Blau, das Rot, das Gelb, das Hellgrün, das Dunkelbraun, das Lila/das Violett (alcuni colori hanno lo stesso nome di un altro oggetto che ha genere diverso, per esempio *das Türkis,* che è un colore blu verdastro e deriva dalla pietra *der Türkis*).

I nomi di continenti, paesi, regioni, città, valli e bacini sono neutri nella maggior parte dei casi: Normalmente l'articolo "das" non viene utilizzato prima del nome di un paese, città o valle (come in italiano quando si parla di *Val d'Aveto*, *Val Chiavenna ecc.*) ma in certi contesti può essere necessario, per esempio: "*Das* heutige Italien hat Wirtschaftsprobleme." Nomi di paesi che finiscono in *-ien*, *-land*, *-reich* o *-stan* sono sempre neutri. Esempio: Italien, Spanien, Deutschland, England, Österreich, Frankreich, Vereinigtes Königreich, Afghanistan, Pakistan.

A differenza dei nomi di paesi neutri, l'articolo definito maschile e femminile è sempre utilizzato

Paesi con nome femminile: die Schweiz, die Slowakei, die Türkei, die Mongolei, die Ukraine

Paesi con nome maschile: der Irak, der Iran, der Jemen, der Senegal, der Sudan, der Südsudan, der Niger, der Vatikan

Per qualche strana ragione il nuovo stato del Kosovo può essere neutro o maschile.[51]

Anche se il nome per "città" (*die Stadt)* è femminile, i nomi delle diverse città sono generalmente neutri. Come nell'esempio dei nomi dei paesi, il genere neutro si manifesta soltanto con l'aiuto di un aggettivo: *das* geteilte Berlin. Questa categoria neutra (Regola 1) è tanto forte che oltrepassa la regola delle terminazioni delle parole (Regola 2). Per esempio, si dice "*das* mittelalterliche Hamburg", anche se la terminazione *-burg* è femminile: *die* Burg (proveniente da *die Festung*, *die Stadt*).

Quando si parla di continenti regge lo stesso principio. Il nome per "continente" è maschile: *der Kontinent*, sinonimo di *der Erdteil* (una vasta area di massa terrestre). Ma quando nominiamo i continenti individualmente, ognuno ha il suo genere. *Arktis* e *Antarktis* sono femminili, mentre *Afrika*, *Amerika*, *Asien*, *Europa* e *Ozeanien* sono neutri. Il genere di un continente appare evidente soltanto con l'aiuto di un aggettivo: "*das* ferne Asien" o "*das* alte Europa". Solo quando i continenti sono femminili dobbiamo usare l'articolo: "Wir besuchen *die* Arktis."

Lo stesso principio è anche valido per le isole. Il nome per "isola" è femminile (*die Insel*) ma i nomi delle singole isole, specialmente se sono anche paesi, è generalmente neutro: *das* schöne Mauritius, *das* kommunistische Kuba

Bambini e cuccioli di animali:[52] das Baby, das Kind, das Kalb, das Kälbchen, das Ferkel, das Küken, das Lamm

Diminutivi (-*chen*, -*lein*, e le sue forme dialettali: -*le*, -*erl*, -*el*, -*li*): das Kaninchen, das Fräulein, das Aschenbrödel; Haus → das Häuschen, das Häuslein

Piccoli elementi o particelle: das Stück, das Teil, das Atom, das Molekül, das Elektron, das Neutron, das Gen

Quasi tutti i 112 elementi della tavola periodica: das Aluminium, das Kupfer, das Uran (sei eccezioni: der Kohlenstoff, der Sauerstoff, der Stickstoff, der Wasserstoff, der Phosphor, der Schwefel)

I nomi di metalli: das Blei, das Messing (l'ottone), das Zinn (eccezioni: die Bronze, der Stahl)

Materiali: das Glas, das Holz

Fuoco e acqua: das Wasser, das Feuer

Erba: das Gras, das Haschisch, das Marihuana, das Heu, das Viehfutter, das Kraut (l'erba, il cavolo), das Unkraut (l'erbaccia)

Unità di misura in fisica: das Ampere, das Ohm, das Watt, das Volt, das Newton

Unità per misurare la temperatura: das Celsius, das Fahrenheit, das Kelvin

Unità di peso: das Gewicht, das Pfund, das Kilogramm (a meno che il nome abbia la terminazione femminile -*e*: die Tonne, die Unze)

Le misure di qualcosa o la unità utilizzata per misurare: das Mass (la misura, il volume); da qui deriva *das Ausmass* (la dimensione, l'entità, la misura di qualcosa)

Toni musicali: das Dur (modo maggiore), das Moll (modo minore)

o Alcuni ambienti musicali: das Konzert, das Orchester, das Theater, das Ballett (ma *die* Oper, *die* Band)

o Alcuni istrumenti musicali che non finiscono in -*e*: das adeCello, das Cembalo, das Klavier, das Piano

Frazioni: das Drittel (⅓), das Viertel (¼), das Quartal (eccezione: die Hälfte); $1/20$ → das Zwanzigstel (gli Svizzeri non sono d'accordo e classificano tutte le frazioni che finiscono in -*tel* come maschili)

Libri, carta, minute: das Wort, das Buch, das Papier, das Blatt, das Dokument, das Protokoll, das Kapitel

Tipi di sport e giochi:

o das Aerobic
o das Backgammon
o das Badminton
o das Bowling
o das Golf
o das Hockey
o das Jogging
o das Karate
o das Pilates
o das Poker

- das Schach (il gioco degli scacchi)
- das Schwimmen
- das Squash
- das Tennis
- das Turnen (ginnastica)
- das Yoga

Eccezioni: nomi composti che finiscono in *der Ball* (come in *der Fussball, der Volleyball*) o *der Sport* (come in *der Motorsport, der Wassersport)*

Medicamenti: das Medikament/das Heilmittel/das Arzneimittel → das Aspirin (nome generico)

Detersivi: das Waschmittel → das Ariel, das Omo, das Vim, das Persil

Nomi di hotel, caffetterie, club, teatri, cinema: das Hilton, das Odeon

Parole straniere: Le parole importate alla lingua tedesca da altre lingue tendono a essere neutre, esempio: *das Know-how.* Le eccezioni si presentano quando la lingua tedesca possiede già una parola con lo stesso significato con un altro genere. Per esempio, *die Holding* (compagnia / società di holding), parola per la quale esisteva già *die Firma/die Gesellschaft.*

Regola 2: Suoni

-aar: das Haar, das Paar, ma *die Saar*, un fiume in Europa (Regola 1: categorie)

-är: das Militär, das Salär

-al:

- das Denkmal
- das Festival

- o das Ideal
- o das Kapital
- o das Lokal
- o das Oval
- o das Pedal
- o das Personal
- o das Portal
- o das Schicksal
- o das Signal
- o das Spital
- o das Tal

Eccezioni: die Moral (simile a *die Ethik, die Sittlichkeit*), der Karneval (simile a *der Fasching*), der Schal, der Kanal (simile a *der Wasserlauf, der Wasserweg, der Sund*)

-at:

- o das Aggregat (il gruppo, l'aggregato)
- o das Attentat
- o das Dekanat (ufficio del decano)
- o das Derivat
- o das Destillat
- o das Diktat
- o das Dirigat
- o das Duplikat
- o das Emirat
- o das Exponat (il pezzo di esposizione)
- o das Fabrikat (il prodotto, il lavorato)
- o das Filtrat
- o das Format
- o das Implantat (l'impianto)
- o das Inserat (l'inserzione)
- o das Internat (il collegio)
- o das Kalifat
- o das Kondensat
- o das Konglomerat
- o das Konkordat

- o das Konsulat
- o das Korrelat
- o das Laminat
- o das Lektorat (la redazione)
- o das Mandat
- o das Nitrat
- o das Nougat
- o das Opiat
- o das Phosphat
- o das Plagiat
- o das Plakat
- o das Postulat
- o das Proletariat/das Lumpenproletariat
- o das Quadrat
- o das Protektorat
- o das Referat
- o das Rektorat
- o das Syndikat
- o das Unikat (qualcosa di unico)
- o das Zertifikat
- o das Zitat

Eccezioni al maschile sono generalmente nomi che finiscono in *-at* e si riferiscono a professioni / funzioni o persone generalmente di genere maschile:

- o der Advokat
- o der Akrobat
- o der Aristokrat
- o der Bürokrat
- o der Demokrat
- o der Diplomat
- o der Pirat
- o der Renegat
- o der Soldat

o nomi che si riferiscono a macchine, attrezzatura, utensili:

o der Apparat
o der Automat
o der Thermostat (anche se in questo caso può anche essere *das*)

e numerosi derivati del nome *der Rat* (che nel senso originale si riferiva a tutti i tipi di approvvigionamento, ma oggi significa il consiglio, la giunta), come *der Beirat* (il comitato/la consulta), *der Sicherheitsrat* (Consiglio di Sicurezza), il che spiega anche il genere maschile di *der Senat* (consiglio degli anziani); altri nomi maschili in questa categoria includono *der Hausrat* (i beni mobili facenti parte dell'abitazione, o l'approvvigionamento per la casa), *der Vorrat* (le provviste, la scorta) e *der Verrat* (che sembra essere l'opposto della fornitura onesta: il tradimento).

Eccezioni al femminile includono nomi associati con categorie femminili. Esempio: *die Kumquat* (i nomi di frutta tendono a essere femminili), *die Tat* (stessa categoria di *die Aktion, die Handlung*), *die Zutat* (l'ingrediente; visto che la radice *Tat è* femminile), *die Heimat* (la patria) e *die Heirat* (il matrimonio, un altro tipo di approvvigionamento per la casa, e quel nome appartiene alla stessa categoria femminile di altre parole legate al matrimonio: *die Ehe, die Eheschliessung, die Hochzeit, die Trauung, die Verheiratung*).

-bot:

o das Angebot (l'offerta)
o das Aufgebot (la chiamata alle armi)
o das Ausgehverbot (il coprifuoco)
o das Gebot (il precetto)
o das Überangebot (l'eccesso d'offerta)

Eccezioni: nel linguaggio informatico, in tedesco si dice *der Bot* perché il nome ha come origine *der Roboter*

-eil: das Seil, das Urteil, das Gegenteil

Das Teil (loses Stück, pezzo sciolto): das Puzzleteil, das Ersatzteil, das Einzelteil, das Oberteil, das Plastikteil, das Wrackteil

Der Teil (*Teil eines Ganzen,* parte integrante di un intero): der Erdteil, der Landesteil, der Stadtteil, der Elternteil (il genitore), der Bestandteil, der (vordere/hintere) Zugteil, der Mittelteil (come per esempio, la parte centrale di un libro)

-em: I nomi che finiscono in *-em* e hanno l'accento sull'ultima sillaba sono generalmente parole importate di origine greca, il che le rende neutre

- o das Diadem
- o das Ekzem
- o das Emblem
- o das Extrem
- o das Ödem
- o das Phonem
- o das Problem
- o das System
- o das Theorem

Anche i seguenti nomi con l'accento nella prima sillaba sono neutri: das Modem, das Requiem, das Totem, das Tandem (bicicletta con due sedili)

ma i seguenti nomi con l'accento nella prima sillaba sono maschili: der Atem, der Harem, der Moslem

-ett: I nomi che finiscono in *-ett* sono neutri nel 95 per cento dei casi[53]

- o das Bajonett
- o das Ballett
- o das Bankett
- o das Billett
- o das Brikett

- das Büffett
- das Bukett
- das Duett
- das Eszett (la lettera ß)
- das Etikett
- das Flageolett
- das Florett
- das Flötenquartett
- das Flussbett
- das Inlett
- das Jackett
- das Kabarett
- das Kabinett
- das Kabriolett
- das Klosett
- das Kornett
- das Körperfett
- das Korsett
- das Kotelett
- das Kriegskabinett
- das Lazarett
- das Menuett
- das Minarett
- das Oktett
- das Omelett
- das Parkett
- das Quartett
- das Rechenbrett
- das Reissbrett
- das Roulett
- das Schachbrett
- das Servierbrett
- das Sextett
- das Skelett
- das Sonett
- das Spinett
- das Sprungbrett
- das Stilett

- das Surfbrett
- das Tablett
- das Violett
- das Zeichenbrett

-euer: das Feuer, das Abenteuer, das Ungeheuer

-fon/-phon: das Telefon, das Mikrophon, das Megaphon, das Grammophon, das Saxofon/Saxophon, das Xylofon/Xylophon

Ge-: I nomi che iniziano con la sillaba non accentata *Ge-* che non indicano una persona sono generalmente neutri, ad esempio; das Gehirn (il cervello). Anche i nomi formati da *Ge-* + radice verbale + *-e* sono sempre neutri: fragen → das Gefrage (l'interrogatorio), bauen → das Gebäude, malen → das Gemälde, così come lo sono anche la maggioranza dei nomi costruiti in questo modo da nomi a loro strettamente collegati, ad esempio: Berge → das Gebirge

- das Gebäck
- das Gebäude
- das Gebell
- das Gebet
- das Gebiet
- das Gebirge
- das Gebiss (il freno, la dentiera)
- das Gedächtnis
- das Gedicht
- das Gefäss
- das Gefühl
- das Gehäuse
- das Geheimnis
- das Geheiss (*das Gebot*, l'ingiunzione, l'ordine)
- das Gehirn
- das Gejaule (il piagnisteo)
- das Gelaber (le chiacchiere)
- das Gelächter (la risata)
- das Gelage (l'abbuffata)

- o das Gelände
- o das Gelenk (l'articolazione)
- o das Gemälde (il dipinto)
- o das Gemäuer (la muraglia)
- o das Gemenge
- o das Gemetzel (il massacro)
- o das Gemüse
- o das Gemüt (il sentimento, l'animo)
- o das Genick
- o das Gepäck
- o das Gerangel (la bagarre)
- o das Gerät
- o das Geräusch
- o das Gerede
- o das Gericht
- o das Gerinnsel
- o das Gerippe
- o das Geröll
- o das Gerücht
- o das Gerümpel
- o das Gerüst
- o das Gesäss
- o das Geschäft
- o das Geschehen
- o das Geschenk
- o das Geschick
- o das Geschirr
- o das Geschlecht
- o das Geschöpf
- o das Geschoss
- o das Geschrei
- o das Geschütz
- o das Geschwader
- o das Geschwätz
- o das Geschwür
- o das Gesetz
- o das Gesicht
- o das Gesindel

- das Gespenst
- das Gespräch
- das Gespür
- das Gestein
- das Gestell
- das Gestirn
- das Gestrüpp
- das Gestüt
- das Gesuch
- das Getöse (il frastuono/il boato)
- das Getränk
- das Getreide
- das Getue
- das Gewächs
- das Gewand
- das Gewässer
- das Gewebe
- das Gewehr
- das Geweih
- das Gewerbe
- das Gewicht
- das Gewieher (il nitrito)
- das Gewinde (la filettatura)
- das Gewirr
- das Gewissen
- das Gewitter
- das Gewölbe
- das Gewühl
- das Gewürz

Eccezioni:

I nomi maschili che iniziano con *Ge-* tendono a essere più astratti che i nomi neutri che iniziano allo stesso modo:

- der Gebrauch
- der Gedanke
- der Genuss

- o der Geruch
- o der Gesang
- o der Geschmack
- o der Gestank
- o der Gewinn

Anche i nomi femminili che iniziano con *Ge-* tendono a essere più astratti che i nomi neutri che iniziano allo stesso modo:

- o die Gebärde (il gesto: i movimenti tendono a essere femminili)
- o die Gebühr (l'onorario: pagamenti e tasse sono femminili)
- o die Geburt
- o die Geduld
- o die Gefahr
- o die Gemeinde
- o die Geschichte (la storia: la narrazione e altri atti linguistici sono femminili)
- o die Gestalt (la forma, la figura)
- o die Gewähr (la garanzia)
- o die Gewalt (la violenza)

-gramm:

- o das Anagramm
- o das Autogramm
- o das Diagramm
- o das Hologramm
- o das Kilogramm
- o das Milligramm
- o das Mikrogramm
- o das Monogramm
- o das Programm
- o das Parallelogramm
- o das Seismogramm
- o das Telegramm

-horn:

- o das Alphorn
- o das Eichhorn (lo scoiattolo)
- o das Einhorn (l'unicorno)
- o das Füllhorn (il corno dell'abbondanza)
- o das Greenhorn/Grünhorn (il principiante)
- o das Horn (il corno)
- o das Hirschhorn (il corno di cervo)
- o das Matterhorn
- o das Nashorn (il rinoceronte)

Eccezione: der Ahorn (l'acero)

-ial: das Material, das Potenzial

-iel:

- o das Beispiel (l'esempio)
- o das Endspiel (la finale)
- o das Glücksspiel (il gioco di azzardo)
- o das Lustspiel (la commedia)
- o das Spiel (il gioco, la partita)
- o das Trauerspiel (la tragedia teatrale)
- o das Ziel (l'obiettivo)

-ier: I nomi che finiscono in *-ier* sono neutri nel 60 per cento, maschili nel 30 per cento e femminili nel 10 per cento dei casi.[54]

Quando un sostantivo che termina in *-ier* non si riferisce a persone come ad esempio "der Australier", "der Bankier", "der Brigadier" oppure non si riferisce a determinati tipi di animali, ad esempio "der Dinosaurier", "der Stier", "der Yorkshireterrier", ma si riferisce a cose inanimate o a una categoria generale di cose, allora la terminazione *-ier* indica generalmente un nome di genere neutro

o das Atelier (l'atelier)
o das Bier
o das Elixier
o das Klavier
o das Metier (il mestiere, la professione)
o das Papier
o das Quartier
o das Tier
o das Turnier (il torneo)
o das Visier (la mira, il traguardo)

Visto che i nomi astratti sono generalmente femminili, questo spiega il perché del genere femminile in *die Gier* (l'avidità). Un altro raro caso di genere femminile in un nome che finisce in *-ier* è *die Feier* (la cerimonia, il festeggiamento).

-ing: I nomi importati dall'inglese con la terminazione *-ing* sono generalmente neutri:

o das Babysitting
o das Bodybuilding
o das Bowling
o das Brainstorming
o das Branding
o das Camping
o das Controlling
o das Desktoppublishing
o das Dribbling
o das Doping
o das Dressing
o das Jogging
o das Lobbying
o das Marketing
o das Mobbing
o das Recycling
o das Stalking
o das Training

Eccezioni: Quando nomi simili o con terminazioni simili esistono già in tedesco, queste parole importate tendono a prendere il genere della parola già esistente in tedesco.

Nomi femminili che finiscono in -*ing*:

- o die Holding (stessa categoria di *die Firma, die Gesellschaft*)

Nomi maschili che finiscono in -*ing*:

- o der Boxring (maschile per via della terminazione *der Ring*. Inoltre, un sostantivo simile esisteva già nella lingua tedesca: *der Kampfplatz*)

-ip: das Prinzip (e tutte le sue forme composte: das Autoritätsprinzip, das Einteilungsprinzip, das Fertigungsprinzip, das Grundprinzip, das Kausalprinzip, das Lebensprinzip, das Leistungsprinzip, das Leitungsprinzip, das Majoritätsprinzip, das Moralprinzip, das Nützlichkeitsprinzip, das Ordnungsprinzip, das Prioritätsprinzip, das Relativitätsprinzip, das Sparsamkeitsprinzip)

-iv:

- o das Additiv
- o das Adjektiv
- o das Archiv
- o das Leitmotiv
- o das Motiv
- o das Präservativ

(Eccezioni: i casi grammaticali, perché appartengono alla categoria di *der Kasus, der Fall*: der Nominativ, der Akkusativ, der Dativ, der Infinitiv, der Superlativ)

-lein: (questi diminutivi tendono ad apparire in una lingua più idiomatica o pittoresca) das Bächlein, das Büchlein, das Fräulein, das Gänslein, das Knäblein, das Krüglein, das Männlein, das Scherflein, das Stiftsfräulein, das Stündlein, das Vöglein, das Zicklein, das Zünglein

-ld: das Bild, das Geld, das Gold, das Umfeld, das Spielfeld, das Erdölfeld, das Mittelfeld, das Spannungsfeld, das Trümmerfeld, das Magnetfeld, das Schild (stessa categoria di *das Plakat*), das Wild

Maschile: der Held, der Schild, der Sold, der Wald

Femminile: die Geduld, die Schuld

-ma: (origine greca)

o das Aroma
o das Charisma
o das Dilemma
o das Dogma
o das Drama
o das Klima
o das Koma (il coma, termine medico)
o das Komma (la virgola, termine grammatico)
o das Magma
o das Panorama
o das Paradigma
o das Plasma
o das Prisma
o das Schema
o das Sperma
o das Stigma
o das Thema
o das Trauma

Senza origine greca: das Karma, das Lama

Eccezioni: *die Firma* (stessa categoria di *die Gesellschaft*), *der Puma* (gli animali che fanno paura tendono a essere maschili)

-ment: Molte parole importate appartengono a questa categoria e le parole importate sono di solito neutre.

- das Abonnement
- das Apartment
- das Argument
- das Departement
- das Dokument
- das Element
- das Equipment
- das Experiment
- das Fragment
- das Fundament
- das Instrument
- das Kompliment
- das Management
- das Medikament
- das Monument
- das Ornament
- das Parlament
- das Pergament
- das Pigment
- das Posament
- das Regiment
- das Reglement
- das Sakrament
- das Sediment
- das Segment
- das Sortiment
- das Statement
- das Temperament
- das Testament
- das Wealth Management

Eccezioni:

- o der Konsument (il consumatore; si riferisce a una persona, mentre le parole menzionate sopra no)
- o der Zement (stessa categoria di *der Sand, der Stein, der Beton, der Kiesel, der Kitt, der Klebstoff*)

-nis: I nomi con la terminazione *-nis* sono neutre oppure femminili

I nomi femminili che finiscono in *-nis* tendono a riferirsi ad atteggiamenti, condizioni o concetti più astratti:

- o die Bedrängnis (l'angoscia, categoria simile a quella di *die Angst, die Sorge* e altre condizioni esistenziali, come *die Armut*)
- o die Befugnis (l'autorizzazione)
- o die Bewandtnis (caratteristica unica / qualità / condizione / stato / aspetto)
- o die Bitternis (l'amarezza / il disagio)
- o die Empfängnis (l'ideazione)
- o die Erlaubnis (il permesso; in questa categoria troviamo anche regole e limiti: die Regelung, die Frist, die Limitierung, die Grenze, die Begrenzung, die Beschränkung)
- o die Ersparnis (il risparmio o l'atto di risparmiare)
- o die Fäulnis (la putrefazione / il decadimento)
- o die Finsternis (l'oscurità / l'eclisse, categoria simile a *die Dunkelheit, die Nacht*)
- o die Kenntnis (la conoscenza / la consapevolezza: la saggezza è una categoria femminile)
- o die Wildnis (la caccia è femminile, come conseguenza delle dee greche e romane della caccia)

I nomi neutri che terminano in *-nis* tendono a riferirsi a cose un po' più concrete (eventi / esiti / cose fisiche)

- o das Ärgernis (il fastidio)

- das Bedürfnis (il requisito / la necessità)
- das Begräbnis (il funerale / la sepoltura)
- das Bekenntnis (l'impegno / la confessione / la fede)
- das Besäufnis (la bevuta)
- das Bildnis (l'immagine, il ritratto)
- das Bündnis (l'alleanza / la lega / la confederazione)
- das Eingeständnis (la confessione)
- das Ereignis (l'evento / la vicenda)
- das Ergebnis (il risultato, anche per gli affari: *das Betriebsergebnis*)
- das Erlebnis (l'esperienza / l'avventura, anche in senso dirompente: *das Aha-Erlebnis*)
- das Erzeugnis (il prodotto)
- das Gedächtnis (la memoria / la mente / la commemorazione, anche il cervello è neutro: *das Gehirn*)
- das Gefängnis (la prigione)
- das Geheimnis (categoria simile a *das Rätsel*, *das Mysterium*, *das Phänomen*, *das Wunder*)
- das Geständnis (la confessione / l'ammissione: categoria simile a *das Bekenntnis*, sopra)
- das Hemmnis (a volte un tipo di ostacolo più sottile / la barriera / l'impedimento, l'inceppamento)
- das Hindernis (a volte un tipo più fisico di ostacolo / barriera / impedimento)
- das Missverständnis (il fraintendimento, l'equivoco)
- das Tennis (i tipi di sport tendono a essere neutri)
- das Unverständnis (l'incomprensione)
- das Verhältnis (esempio: *das Risiko-Rendite-Verhältnis*)
- das Verhängnis (il destino, la rovina)
- das Verständnis (la comprensione)
- das Verzeichnis (la lista / l'elenco / l'inventario)
- das Wagnis (l'impresa rischiosa, l'avventura)
- das Zerwürfnis (il litigio / la discordia)
- das Zeugnis (la testimonianza / il certificato / il riferimento)

-ol: In questa categoria tendiamo a trovare molte sostanze chimiche (che di solito sono neutre) così come le parole *das Idol* e *das Symbol*

- o das Aerosol
- o das Äthanol/Ethanol
- o das Benzol
- o das Cobol
- o das Glykol
- o das Idol
- o das Menthol
- o das Mol
- o das Monopol
- o das Phenol
- o das Polystyrol
- o das Sol (una sostanza chimica, il dio romano del sole sarebbe *der*)
- o das Stanniol
- o das Südtirol (paesi e regioni tendono a essere neutri)
- o das Symbol
- o das Thymol
- o das Tirol (paesi e regioni tendono a essere neutri)
- o das Toluol

Eccezioni:

- o der Alkohol (perché le sostanze chimiche tendono a essere neutre, ma l'alcol e le bevande alcoliche sono di solito maschili)
- o der Pirol (il rigogolo)
- o der Pol, der Nordpol, der Südpol, der Gegenpol (i punti sulla bussola sono maschili)

-om/-ym:

- o das Akronym
- o das Atom
- o das Axiom
- o das Binom
- o das Chromosom

- das Diplom
- das Enzym
- das Genom
- das Kondom
- das Metronom
- das Monom
- das Phantom
- das Polynom
- das Pseudonym
- das Symptom
- das Syndrom

-skop:

- das Horoskop
- das Kaleidoskop
- das Mikroskop
- das Periskop
- das Stethoskop
- das Teleskop

-tum:

- das Altertum
- das Analphabetentum (l'analfabetismo)
- das Arboretum
- das Ausstellungsdatum
- das Bauerntum
- das Besitztum
- das Bevölkerungswachstum
- das Bistum
- das Brauchtum
- das Bürgertum
- das Christentum
- das Datum
- das Diktum
- das Eigentum
- das Erratum

- o das Erzbistum
- o das Erzherzogtum
- o das Faktum
- o das Fürstentum
- o das Geldmengenwachstum
- o das Gemeindeeigentum
- o das Gewinnwachstum
- o das Grossherzogtum
- o das Grundeigentum
- o das Haltbarkeitsdatum
- o das Heidentum
- o das Heiligtum
- o das Heldentum
- o das Herstelldatum
- o das Importwachstum
- o das Jahreswachstum
- o das Judentum
- o das Kaisertum
- o das Kleinbürgertum
- o das Kompositum (il composto / parola composta)
- o das Künstlertum
- o das Laientum
- o das Lieferdatum
- o das Mehrheitsvotum
- o das Misstrauensvotum
- o das Miteigentum
- o das Mitläufertum
- o das Mönchstum
- o das Nullwachstum
- o das Papsttum
- o das Präteritum (tempo verbale)
- o das Privateigentum
- o das Quantum
- o das Rektum
- o das Scheichtum
- o das Skrotum
- o das Stadtbürgertum
- o das Strebertum (l'ambizione sfrenata)

- o das Tagesdatum
- o das Ultimatum
- o das Unternehmertum
- o das Verbrechertum
- o das Verfalldatum
- o das Vertrauensvotum
- o das Volkstum
- o das Votum
- o das Wachstum
- o das Wirtschaftswachstum
- o das Zellwachstum
- o das Zwittertum

Eccezioni:

- o der Irrtum (stessa categoria di *der Fehler*)
- o der Reichtum

-um: (specialmente se il nome è d'origine latina)

- o das Album
- o das Aquarium
- o das Auditorium
- o das Bakterium
- o das Evangelium
- o das Forum
- o das Gymnasium
- o das Impressum
- o das Individuum
- o das Jubiläum
- o das Kriterium
- o das Maximum
- o das Minimum
- o das Ministerium
- o das Museum
- o das Opium
- o das Optimum
- o das Pensum (la quantità di lavoro)

- o das Podium
- o das Publikum
- o das Serum
- o das Stadium
- o das Studium
- o das Vakuum
- o das Visum
- o das Zentrum

Eccezioni: der Konsum (stessa categoria di *der Verbrauch*)

-werk: Parole composte con *das Werk*

- o das Atomkraftwerk
- o das Bauwerk
- o das Bollwerk
- o das Braunkohlekraftwerk
- o das Breitbandnetzwerk
- o das Computernetzwerk
- o das Dampfkraftwerk
- o das Datennetzwerk
- o das Diskettenlaufwerk
- o das Erdwärmekraftwerk
- o das Feuerwerk
- o das Gaskraftwerk
- o das Gaswerk
- o das Gedankenwerk
- o das Gemeinschaftswerk
- o das Gewerk (il mestiere, l'artigianato)
- o das Glaswerk
- o das Handwerk
- o das Hauptwerk
- o das Hilfswerk
- o das Kraftwerk
- o das Kunstwerk
- o das Laufwerk
- o das Meisterwerk
- o das Metallwerk

o das Nachschlagewerk
o das Netzwerk
o das Orchesterwerk
o das Sammelwerk
o das Stahlwerk
o das Standardwerk
o das Stockwerk
o das Strahltriebwerk
o das Wasserwerk
o das Windkraftwerk
o das Wunderwerk

-yl:

o das Acryl
o das Asyl (proveniente dal greco, quindi come parola importata tende a essere neutra)
o das Vinyl

-zept:

o das Konzept
o das Rezept

-zeug:

o das Zeug
o das Fahrzeug
o das Flugzeug
o das Kampfflugzeug
o das Militärflugzeug
o das Passagierflugzeug
o das Schreibzeug
o das Silberzeug
o das Spielzeug
o das Werkzeug

Uno o l'altro

Nei casi in cui i nomi tendono a essere associati solo a due dei tre generi, si ha una maggiore probabilità di indovinare il genere corretto.

Maschile o neutro

I sostantivi che terminano con una doppia consonante, come -*ck*, -*tz* o -*ss* sono solitamente maschili o neutri se non terminano con -*ness* (ad esempio, die Fitness, die Wellness).

Un modo per cercare di fare la distinzione tra parole maschili e neutre in questa categoria è che la maggior parte dei sostantivi che iniziano con *G-* o *Ge-* tendono a essere neutri.

-ck:

Maschile: der Blick, der Dreck, der Druck, der Fleck, der Geck, der Klick, der Knick (la piega, la curva, la svolta), der Lack (la lacca, lo smalto), der Rock, der Schluck, der Speck, der Trick, der Zweck

Neutro: das Dreieck (il triangolo), das Gebäck (le parole che iniziano con *Ge-* tendono a essere neutre), das Genick (la nuca), das Gepäck, das Glück, das Stück, das Comeback, das Feedback (le parole importate tendono a essere neutre)

-eer: das Heer (l'esercito, l'armata), das Meer (il mare), der Lorbeer (l'alloro), der Teer (il catrame), der Speer (la lancia, l'asta), der Eritreer (l'eritreo)

-isch:

Il finale -*isch* è usato estensivamente per gli aggettivi e per alcuni nomi che sono sia maschili che neutri.

Nomi maschili che finiscono in *-isch*: der Fisch, der Tisch, der Fetisch

Nomi neutri che finiscono in *-isch* includono le lingue; e le lingue come categoria tendono a essere neutre: *das Arabisch, das Englisch, das Spanisch*

-kt:

Maschile: der Affekt (l'affetto), der Akt, der Architekt, der Aspekt, der Defekt, der Dialekt, der Effekt, der Infarkt, der Infekt, der Instinkt, der Intellekt, der Katarakt (la cateratta), der Konflikt, der Kontakt, der Kontrakt, der Markt, der Pakt, der Prospekt, der Punkt, der Respekt, der Sekt, der Takt, der Trakt

Neutro: das Artefakt, das Delikt, das Edikt, das Konfekt, das Insekt, das Konstrukt, das Objekt, das Perfekt (tempo verbale e i termini grammaticali tendono a essere neutri), das Projekt, das Produkt, das Relikt, das Subjekt, das Verdikt (stessa categoria di *das Urteil*)

Eccezioni (femminile): *die* Katarakt (termine medico, cataratta degli occhi, da non confondere con *der* Katarakt, la cateratta, cascata d'acqua)

-o: Nomi che finiscono in *-o* sono generalmente neutri o maschili.

Esempi (neutro):

di origine greca (e le parole importate tendono a essere neutre): das Auto, das Kino, das Kilo, das Deo, das Trio, das Ego, das Foto[55], das Echo, das Logo, das Mikro, das Makro

di origine Latina:
das Video, das Credo/Kredo, das Neutrino, das Memo

di origine francese:
das Abo (derivata da *das Abonnement*), das Bistro, das Büro, das Cabrio, das Karo, das Portfolio, das Rokoko, das Rollo

di origine Italiana:
das Solo, das Duo, das Manko, das Tempo, das Motto, das Fresko, das Studio, das Ghetto, das Piano, das Kasino, das Konto, das Veto, das Lotto, das Porto, das Intermezzo, das Inferno, das Libretto, das Risiko, das Rondo, das Fiasko, das Inkasso, das Kommando, das Szenario, das Intro (pezzo musicale di apertura)

di origine inglese:
das Banjo, das Ufo, das Shampoo, das Bingo, das Placebo

di origine spagnola:
das Embargo, das Lasso, das Eldorado

le lingue che finiscono in -*o* (e le lingue tendono a essere neutre): das Esperanto

istrumenti musicali che finiscono in -*o*:
das Cello, das Cembalo, das Piano

Tipi di sport che finiscono in -*o* che sono neutri:
das Judo, das Polo, das Rodeo

Nomi di paesi neutri che finiscono in -*o*: (das alte) Montenegro, (das alte) Marokko, (das alte) Monaco, (das alte) Mexiko

Eccezioni (nomi maschili che finiscono in -*o*):

o der Bolero (molte danze sono maschili)
o der Cappuccino (le bevande tendono a essere maschili)
o der Dingo (stessa categoria di *der Hund*)
o der Dynamo (la maggior parte dei tipi di macchinari sono maschili)
o der Embryo (stessa categoria di *der Fetus*, *der Keim*)

o der Eskimo
o der Espresso (le bevande tendono a essere maschili)
o der Euro (molte valute sono maschili)
o der Fango (fango usato nei trattamenti, la categoria che fa riferimento alla sporcizia è maschile)
o der Flamenco (molte danze sono maschili)
o der Flamingo (gli uccelli più grandi tendono a essere maschili)
o der Gigolo
o der Gusto (stessa categoria di *der Geschmack*)
o der Kakao (le bevande tendono a essere maschili)
o der Macho
o der Mungo (la mangusta)
o der Oregano (le spezie tendono a essere maschili)
o der Pluto (categoria dei corpi celesti, la stessa di *der Merkur, der Mars, der Saturn, der Jupiter, der Neptun*; Venus è femminile)
o der Porno (perché è l'abbreviazione di *der Pornofilm*)
o der Saldo (stessa categoria di *der Betrag, der Kontostand*)
o der Salto (stessa categoria di *der Überschlag*)
o der Schirokko (un tipo di vento)
o der Sombrero (stessa categoria di *der Hut*)
o der Tacho (tachimetro, la maggior parte dei tipi di macchine e strumenti sono maschili)
o der Tango (le danze tendono a essere maschili)
o der Torero (il torero)
o der Tornado (i tipi di vento tendono a essere maschili)
o der Torpedo (la maggior parte dei tipi di macchinari sono maschili)
o der Torso (stessa categoria di *der Oberkörper*)
o der Trafo (il trasformatore: la maggior parte dei tipi di macchinari sono maschili)
o der Zoo (stessa categoria di *der Tiergarten*)

Eccezioni (femminile): die Demo, die Disko, die Limo, die Info (perché sono la forma breve per *die Demonstration, die Diskothek, die Limousine, die Information*); die Uno/UNO, die NATO, die NGO (perché la O finale significa *die Organisation*);

die Avocado, die Mango (i frutti tendono a essere femminili), die Libido

-os: Questo è un finale tipico per molti nomi greci maschili; pensate ad esempio, al dio greco del vino, Dionysos (latinizzato Dioniso). Quando vengono importati al tedesco, i nomi greci che terminano in *-os* tendono a rimanere maschili (*der Kosmos, der Mythos*) o diventano neutri, come nel caso della maggior parte delle parole importate (*das Chaos, das Pathos*). L'intuizione utile qui è che, almeno i nomi tedeschi che terminano in *-os*, non sono tipicamente associati a nomi femminili.

-tz: der Blitz, der Schlitz, der Sitz der Witz

Femminile o maschile

-mut: I nomi che terminano in *-mut* si trovano in tutti e tre i generi, ma quelli astratti sono prevalentemente femminili o maschili. I nomi astratti maschili tendono a rappresentare caratteristiche più aggressive, mentre quelli femminili rappresentano più spesso aspetti di sottomissione.[56]

- o die Armut (la povertà)
- o die Demut (l'umiltà)
- o die Langmut (la pazienza)
- o die Sanftmut (la mitezza)
- o die Schwermut (la malinconia)
- o die Wehmut (il rimpianto)

ma:

- o der Mut (il coraggio)
- o der Freimut (la franchezza)
- o der Hochmut (l'arroganza)
- o der Missmut (il dispiacere)
- o der Übermut (la sfrontatezza)
- o der Unmut (il risentimento)

o der Wagemut (l'audacia)

I nomi che descrivono il mondo della fisica tendono a essere neutri, quindi *das Bismut* (un elemento chimico)

Doppie Consonanti

I nomi che terminano con una doppia consonante possono appartenere a tutti i generi. Una combinazione della Regola 1 e 2 può aiutare a svelarne il genere.

Perciò, i nomi monosillabi tendono a essere maschili, salvo che vengano associati a un nome che invece è compreso in un'altra categoria o che abbiano la terminazione tipica di un altro genere.

Maschili: der Ball, der Drall, der Drill, der Fall, der Hall, der Müll, der Zoll, der Griff, der Stoff, der Damm, der Schlamm, der Sinn, der Tipp, der Biss, der Griess, der Gruss, der Fluss, der Frass (il cibo scadente), der Fuss, der Kloss, der Kuss, der Pass, der Russ, der Spass, der Schweiss, der Spiess, der Strauss, der Schluss, der Schuss, der Stoss, der Schoss, der Fleiss, der Ritt, der Tritt

Neutri: das Ass (l'asso), das Fass (il barile), das Kinn (il mento), das Fell (la pelle di animale), das Schiff (stessa categoria di *das Boot*), das Kaff, das Bett, das Brett, das Fett (i nomi che terminano in *-ett* sono nel 95 per cento dei casi al neutro), das Lamm (i diminutivi tendono al neutro), das Schloss, das Mass, das Floss, das Gefäss, das Gesäss, das Geschoss (le parole che iniziano per *Ge-* tendono a essere neutre), das Edelweiss (la seconda parte del nome è un colore, i colori sono neutri)

Femminili: die Nuss (la frutta e la frutta secca sono al femminile), die Null (i numeri sono femminili), die Nachtigall (i piccoli uccelli tendono a essere femminili), die Geiss (la capra).

Nomi con più generi

Un'esigua porzione dei nomi in tedesco può presentarsi sotto diversi generi. Questo fenomeno è spesso dovuto a preferenze regionali. Ad esempio, se il nostro interlocutore viene dal nord della Germania, sarà più facile che preferisca il genere femminile per *E-Mail* perché appartiene alla stessa categoria di *die Post*. Al contrario, nel sud della Germania, in Austria e Svizzera si preferisce considerare il sostantivo come un prestito da un'altra lingua e si usa dunque *das E-Mail*.

Un altro esempio è il sostantivo *App*. Alcune persone gli attribuiscono il genere femminile nella convinzione che si tratti dell'abbreviazione del sostantivo *die Applikation*; altri, invece, tendono ad associarlo alla stessa categoria di *das Programm*. Per questo, possiamo incontrare sia *die* App che *das* App.

A causa della dinamicità della lingua, nel corso del tempo ci saranno inevitabilmente ulteriori modifiche di genere. Ad esempio, il Vocabolario delle parole straniere Duden ha modificato il genere di 199 nomi tra l'edizione del 1960 e quella del 1997.[57]

La combinazione di generi più diffusa è tra maschile e neutro. L'opzione neutra è riconducibile al fatto che il nome è stato importato da un'altra lingua:

o der/das Aquädukt (parola presa in prestito dal latino, il che tende a renderla neutra)
o der/das Barock (il Barocco come stile artistico / musicale o epoca storica; anch'esso un termine importato dal francese, che come tale tenderebbe a essere neutro)
o der/das Biotop (parola importata dal greco, quindi neutra)
o der/das Bonbon (importata dal francese)
o der/das Dotter (il tuorlo, un altro nome per *das Eigelb*, che suggerisce una categoria con tendenza al neutro)
o der/das Drittel (i tedeschi utilizzano *das*, gli svizzeri *der*)

- der/das Dschungel (stessa categoria di *der Urwald*, ma anche parola importata per giungla, quindi *das*)
- der/das Extrakt (come *der Auszug* e *das Konzentrat*)
- der/das Fakt (derivato da *das Faktum*)
- der/das Gelee
- der/das Iglu
- der/das Indigo
- der/das Joga/Yoga
- der/das Kehricht
- der/das Kosovo (un caso inconsueto di un paese con due generi)
- der/das Liter (in Svizzera si preferisce *der*)
- der/das Link
- der/das Log-in/Login
- der/das Match (i tedeschi usano *das*, perché sinonimo di *das Spiel*, gli svizzeri *der* perché significa anche *der Wettkampf*)
- der/das Meter
- der/das Nougat/Nugat
- der/das Oman (nel sud della Germania, Austria e Svizzera la preferenza è data a *der*)
- der/das Perron
- der/das Piment
- der/das Pontifikat
- der/das Purpur (la porpora)
- der/das Pyjama (i tedeschi preferiscono *der*, perché è sinonimo di *der Schlafanzug*; gli austriaci e gli svizzeri preferiscono *das*, perché i nomi che finiscono in *-ma* tendono a essere neutri).
- der/das Radio (nel sud della Germania, Austria e Svizzera la preferenza è data a *der* perché appartiene alla stessa categoria di *der Rundfunk*)
- der/das Scan
- der/das Silo
- der/das Spagat
- der/das Storno
- der/das Tattoo

- o der/das Teil (der Teil = parte completa di un intero, come in *der Stadtteil*; das Teil = un pezzo di qualcosa, anche se faceva parte di un intero; sinonimo di *das Stück*)
- o der/das Techno
- o der/das Terminal
- o der/das Thermometer (gli austriaci e gli svizzeri preferiscono *der* per il collegamento con *der Meter*, ma i tedeschi utilizzano das perché le unità di misura della temperatura sono neutre, come nel caso di *das Celsius, das Fahrenheit, das Kelvin*)
- o der/das Thermostat
- o der/das Viadukt
- o der/das Virus (nell'uso tecnico e scientifico si preferisce generalmente *das*)
- o der/das Volleyball

La combinazione maschile/femminile viene al secondo posto:

- o der/die Abscheu (il disgusto, la repulsione; la parola ha le sue origini in *die Scheu*, la timidezza, da cui, forse, si può spiegare l'indecisione dei tedeschi sul suo genere. Originariamente, tuttavia, *Abscheu* tendeva a essere maschile, a conferma del fatto che il genere di alcuni nomi può variare nel corso del tempo)
- o der/die Fussel (un pelucchio su un vestito)
- o der/die Mambo (ballo latino americano; i balli/danze tendono a essere maschili)
- o der/die Oblast (l'Oblast, entità amministrativa in Russia)
- o der/die Python (i nomi che finiscono in *-on* tendono a essere maschili, ma il pitone può anche essere considerato nella stessa categoria di *die Schlange*
- o der/die Salbei (la salvia; le spezie sono generalmente maschili ma con la terminazione *-ei* i nomi sono normalmente femminili)
- o der/die Samba (ballo latino americano; la terminazione in *-a* è generalmente tipica dei nomi femminili ma i tipi di danza sono generalmente di genere maschile)

o der/die Sellerie (i vegetali sono generalmente maschili, ma con la terminazione -*e* i nomi sono normalmente femminili)

Infine, viene la combinazione tra femminile e neutro:

o die/das Aerobic (*die Übung* o *das Fitnesstraining*)
o die App (die Applikation), das App (das Programm)
o die Cola (nord della Germania) o *das* Cola (in Austria, Svizzera e Germania meridionale)
o die/das Consommé (dal francese, ma la terminazione in -*e* è associata ai nomi femminili)
o die E-Mail (Germania settentrionale) o *das* E-Mail (in Austria, Svizzera e Germania meridionale)
o die/das Foto (sia perché la parola originariamente era *die Fotografie* oppure perché i nomi terminanti in -*o* tendono a essere neutri)
o die/das Furore (la provenienza dall'italiano farebbe sì che il nome sia neutro, ma la terminazione in -*e* è di forte preponderanza femminile)
o die/das SMS (i tedeschi preferiscono *die*, perché SMS è sinonimo di *die Kurznachricht*, mentre gli austriaci e gli svizzeri preferiscono *das* perché i nomi importati tendono a essere neutri).
o die/das Tram (nella maggior parte della Germania, si crede che tram sia l'abbreviazione di *die Trambahn*, il che lo renderebbe un nome femminile, ma in parte della Germania meridionale e in Svizzera l'associazione viene fatta con nomi stranieri quali "tramcar" o "tramway", quindi si preferisce il neutro)

Ci sono pochi nomi a cui possono essere attribuiti tutti e tre i generi:

o der / die / das Bookmark
o der / die / das Dingsbums (l'aggeggio, l'affare)
o der / die / das Joghurt
o der / die / das Spam

o der / die / das Triangel

Da notare, tuttavia, che talvolta un genere diverso per lo stesso nome può cambiarne completamente il significato. In questi casi, è davvero necessario sapere quale genere usare. Fortunatamente questi casi sono piuttosto limitati:

o *der* Appendix (quando si parla di un libro), *die* Appendix (quando ci si riferisce al termine di anatomia)
o *der* Band (la copertina), *die* Band (un gruppo musicale), *das* Band (il nastro)
o *der* Katarakt (la cateratta, caduta d'acqua), *die* Katarakt (la cataratta, la malattia degli occhi)
o *der* Kiwi (l'uccello), *die* Kiwi (il frutto)
o *der* Kristall (il minerale), *das* Kristall (un oggetto fatto di cristallo)
o *der* Lama (il monaco buddista), *das* Lama (l'animale)
o *das* Laster (il vizio), *der* Laster (il furgone)
o *der* Mast (l'albero della nave), *die* Mast (l'ingrasso)
o *der* Moment (il momento, l'istante), *das* Moment (il fattore scatenante)
o *die* See (il mare), *der* See (il lago)
o *das* Tor (la porta di ingresso di una città o un castello), *der* Tor (il folle)
o *der* Verdienst (il guadagno), *das* Verdienst (il merito)

Nomi senza alcun genere

Sembrerà strano, ma in tedesco esistono anche pochissimi nomi che non hanno alcun genere. Tra di essi troviamo:

o Aids
o Allerheiligen (Il giorno di Ognissanti, il primo novembre in Europa occidentale)

Non avere alcun genere non è equivalente all'eventuale omissione dell'articolo davanti a un certo nome in una frase. L'italiano e il tedesco hanno regole diverse, che solo in alcuni casi combaciano. Viceversa, il tedesco applica le stesse regole dell'inglese e se si conosce anche questa lingua sarà facile capire che l'articolo determinativo si utilizza solo quando è necessario specificare qualcosa. Si può dire: "Ich will Wasser" senza l'uso dell'articolo determinativo oppure "ich will das kalte Wasser". Lo stesso discorso è valido nel caso di sostantivi collettivi o quando si fa una generalizzazione, per esempio nella frase "Bisogna avere saggezza". Solo quando vogliamo essere molto specifici aggiungiamo l'articolo definito: "Bisogna avere la saggezza di Salomone". Lo stesso succede nella lingua tedesca: l'articolo *der*, *die*, *das* aggiungono precisione al discorso.

Indice e test di competenza

Per svelare il mistero del genere dei nomi tedeschi, è necessario conoscere il genere associato a determinate categorie e suoni. Questo indice può, quindi, servire anche come autotest delle tue competenze. Ogni voce richiede essenzialmente una risposta alla domanda: "Quale genere tende a rappresentare questa voce?"

Note

[1] Basato su un'analisi dei circa 100.000 nomi elencati nel *Vocabolario tedesco Duden di parole straniere* a metà 2015. Fonte: *Duden - Deutsches Universalwörterbuch*.

[2] Basato su un'analisi computerizzata di circa 16 milioni di parole (cioè parole ripetute con tutti i loro possibili casi) che costituivano il database Duden della lingua tedesca a metà 2015. Fonte: *Duden - Deutsches Universalwörterbuch*.

[3] Un esempio calzante è il libro di grammatica tedesco di 400 pagine per studenti inglesi, *A Practice Grammar of German*, di Dreyer and Schmitt (2010). All'inizio di quel libro c'è il consiglio di non provare e imparare le regole di genere, ma di "memorizzare l'articolo definito insieme a ogni sostantivo".

[4] Twain, Mark. 1880. "The Awful German Language", Appendice D in *A Tramp Abroad*, Chatto & Windus.

[5] Köpcke, Klaus-Michael. 1982. *Untersuchungen zum Genussystem der deutschen Gegenwartssprache*. Max Niemeyer Editore, pagina 1. Questo autore cita quattro esperti in lingue del tempo, a sostegno della sua affermazione.

[6] Köpcke, Klaus-Michael. 1982. *Untersuchungen zum Genussystem der deutschen Gegenwartssprache*. Max Niemeyer editore. Köpcke ha anche lavorato a stretto contatto con David Zubin e ha pubblicato numerosi studi, tra cui quelli di Köpcke, Klaus-Michael e Zubin, David A., "Sechs Prinzipien für die Genuszuweisung im Deutschen: Ein Beitrag zur natürlichen Klassifikation" in *Linguistische Berichte* 93 (1984), p. 26-50, riprodotto a Sieburg, Heinz 1997. *Sprache – Genus/Sexus*. Peter Lang. Vedi anche Zubin, D. A., & Köpcke, K.-M. 1981. Gender: A less than arbitrary grammatical category, in R. A. Hendrick, C. A. Masek, e M. F. Miller, *Papers from the seventeenth regional meeting, Chicago Linguistic Society* (p. 439-449). Chicago: Chicago Linguistic Society; Zubin, D. A. e Köpcke, K.-M. 1984. "Affect classification in the German gender system", *Lingua*, 63: p. 41-96; Zubin, D. A., & Köpcke, K.-M. 1986. "Gender and folk-taxonomy: The indexical relation between grammatical

gender and lexical categorization", C. Craik (ed.), *Noun classes and categorization* (p. 139-180).

[7] La fonte per le età con cui i bambini tedeschi padroneggiano aspetti del genere tedesco, come citato in questo paragrafo, proviene dagli studi citati in Mills, A.E. 1986. *The Acquisition of Gender: A Study of English and German.* Springer editore

[8] Krohn, Dieter and Krohn Karin. 2008. *Der, das, die - oder wie? Studien zum Genuserwerb schwedischer Deutschlerner.* Peter Lang., p. 107.

[9] Köpcke, Klaus-Michael. Gennaio 2009. *Genus*, p. 137, fa riferimento ai risultati di quattro diversi esperimenti di questo tipo.

[10] Le eccezioni possono essere spesso spiegate dalla conoscenza di altre categorie o da un riferimento ai suoni (Regola 2). Vedi, per esempio, il capitolo sui nomi neutri per una spiegazione del perché di *das Bier* e *das Wasser.*

[11] Fonte: *Duden - Deutsches Universalwörterbuch* (metà 2015).

[12] La fonte per l'età in cui i bambini tedeschi padroneggiano aspetti del genere tedesco, come citato in questo paragrafo, proviene dagli studi citati in Mills, A.E. 1986. *The Acquisition of Gender: A Study of English and German.* Springer-Verlag.

[13] Vedi il testo greco e latino in Brugmann, Karl. 1889. "Das Nominalgeschlecht in den Indogermanischen Sprachen", in *Techmers Internationaler Zeitschrift für allgemeine Sprachwissenschaft*, 4 (1889), p. 100-109, riprodotto a Sieburg, Heinz, 1997. *Sprache – Genus/Sexus.* Peter Lang, p. 33-43.

[14] Questa ipotesi è discussa in Köpcke, Klaus-Michael e Zubin, David A., "Sechs Prinzipien für die Genuszuweisung im Deutschen: Ein Beitrag zur natürlichen Klassifikation" in *Linguistische Berichte 93* (1984), p. 26-50, riprodotto a Sieburg, Heinz,1997. *Sprache – Genus/Sexus*, Peter Lang, p. 101-107.

[15] Queste percentuali sono ricavate dalla Tabella 2.7 "Some Phonetic Rules of Gender Assignment in German" in Mills, A.E. 1986. *The Acquisition of Gender: A Study of English and German.* Springer editore, p. 33.

[16] Köpcke, Klaus-Michael. 1982. *Untersuchungen zum Genussystem der deutschen Gegenwartssprache*; Köpcke, Klaus-Michael. 1994. *Funktionale Untersuchungen zur deutschen Nominal- und Verbalmorphologie*; Köpcke, Klaus-Michael. Gennaio 2009. *Genere.*

[17] Invece di associare *das Atelier* alla stessa categoria di das Haus, si potrebbe associarlo a die Wohnung, che sarebbe anche un'associazione ragionevole da fare. Ma questo avrebbe richiesto di ignorare il finale *-ier,* che tende a segnalare il genere neutro, specialmente se il nome viene riconosciuto come una parola francese importata.

[18] Questa ipotesi è discussa in Köpcke, Klaus-Michael e Zubin, David A., "Sechs Prinzipien für die Genuszuweisung im Deutschen: Ein Beitrag zur natürlichen Klassifikation" *in Linguistische Berichte 93* (1984), p. 26-50, riprodotto a Sieburg, Heinz, 1997. *Sprache – Genus/Sexus*. Peter Lang, p. 97-98.

[19] Qui abbiamo un altro caso relativamente raro in cui i sinonimi di nomi strettamente correlati non condividono lo stesso genere: *der Swimmingpool, das Schwimmbad.*

[20] Eccezioni: nomi che finiscono in *-horn*: das Matterhorn.

[21] Vedi la voce per i nomi che terminano con *-ier* nel capitolo sui nomi neutri per una spiegazione del motivo per cui si dice: *das Bier.*

[22] Può anche essere *der/die Mambo, der/die Rumba, der/die Samba.*

[23] Nome importato dall'inglese, che dovrebbe rendere *Gag* neutro, ma qui abbiamo un esempio di come il finale *-ag* ha contribuito a renderlo un nome maschile: *der Gag.* Un altro esempio è *der Lag*, dal nome inglese lag; la terminazione *-ag* è quindi fortemente maschile.

[24] Vedi la voce per "paesi" nel capitolo sui nomi neutri per una spiegazione di quando mostrare l'articolo das quando si fa riferimento a un paese neutro, perché l'articolo viene generalmente omesso.

[25] I nomi che iniziano con *Ge-* sono decisamente neutri, ma qui troviamo una rara eccezione in cui la terminazione *-ang* lo rende maschile. Ciò suggerirebbe che *-ang* sia tendenzialmente un segnale forte di genere maschile.

[26] I nomi importati tendono a essere neutri o assegnati al genere del loro sinonimo tedesco. Il nome *der Toast* non soddisfa nessuna di queste regole se si riferisce al pane tostato, ma il suo genere è coerente con il suo sinonimo *der Trinkspruch*, nel senso di alzare il bicchiere in onore di qualcuno.

[27] Wegener, Heide. 1995. *Die Nominalflexion des Deutschen – verstanden als Lerngegenstand.* Max Niemeyer editore, p. 75.

[28] ibid., p. 75.

[29] In tedesco, si può identificare un verbo all' infinito per il suo finale in -*en*, come in *spielen* (giocare). Ora trasformiamo spielen in un nome. Se volessimo riferirci all'atto del giocare, nel senso di "giocare è un'attività importante nella scuola materna", allora si dovrebbe utilizzare una S maiuscola in *Spielen* per mostrare che è diventato un sostantivo. I nomi che sono stati creati da verbi in questo modo sono tipicamente neutri: *das Spielen*. Questa regola consente di conoscere il genere di molti nomi creati in questa maniera. Allo stesso modo, se vi imbattete in un nome che termina con -*en* che chiaramente non è derivato da un verbo, come nel caso di *Kindergarten* (chiaramente non un verbo), allora è molto probabile che il nome sia maschile, perché la maggioranza dei nomi che finiscono in -*en* che non derivano da verbi sono maschili, quindi *der Kindergarten*.

[30] I nomi che finiscono in -*ment* tendono a essere neutri; vedi il capitolo sui nomi neutri.

[31] Per dettagli sulla terminazione -*ier*, vedi il capitolo sui nomi neutri.

[32] Wegener, Heide. *op. cit.*, p. 75.

[33] ibid., p. 75.

[34] Se la parola *Butter* sembra di dover essere maschile, in certe zone a sudovest della Germania lo è in alcuni dialetti. Fonte: Bastian Sick, Zwiebelfisch, "Der Butter,die Huhn, das Teller", www.Spiegel.de, 23 agosto 2006.

[35] Wegener, Heide. *op.cit.*, p.75

[36] ibid., p. 75.

[37] I nomi che finiscono in -*ur* tendono al femminile, vedi la sezione -*ur* nel capitolo sui nomi femminili

[38] Le percentuali per i nomi che finiscono in -*ich* sono state ricavate dalla Tabella 2.7 "Alcune regole fonetiche per l'assegnazione di genere nella lingua tedesca", in Mills, A.E. 1986. *The Acquisition of Gender: A Study of English and German.* Springer editore, p. 33.

[39] Köpcke, Klaus-Michael. 1982. *Untersuchungen zum Genussystem der deutschen Gegenwartssprache.* Max Niemeyer Editore.

[40] Vedi la voce riferita ai nomi che finiscono in -*ing* nel capitolo sui nomi neutri.

[41] Vedi per esempio Köpcke, Klaus-Michael. 1982. *Untersuchungen zum Genussystem der deutschen Gegenwartssprache* e *Köpcke, Klaus-Michael. Gennaio 2009. Genus*, p. 136, che segnala ultiriore bibliografia su questo argomento.

[42] Significato e genere diversi da *das Wort.*

[43] Alcune eccezioni: *das Klavier*, perché i nomi di oggetti inanimati che finiscono in *ier* tendono a essere neutri, come in *das Bier, das Papier*; questo significa anche che il sinonimo di *Klavier, das Piano*, sarà neutro. Nel caso di *Saxophon*, i nomi che terminano con radici greche, come nel caso del *phon*, tendono a essere neutri.

[44] Argomento discusso in Köpcke, Klaus-Michael e Zubin, David A., "Sechs Prinzipien für die Genuszuweisung im Deutschen: Ein Beitrag zur natürlichen Klassifikation" in *Linguistische Berichte* 93 (1984), p. 26-50, Sieburg, Heinz (ed.) 1997. *Sprache – Genus/Sexus.* Peter Lang, p. 97-98.

[45] Questa percentuale si trova nella tavola 2.7 "Some Phonetic Rules of Gender Assignment in German", in Mills, A. editore, p. 33.

[46] Vedi la voce "unità di misura e temperatura" nel capitolo sui nomi neutri

[47] Questa percentuale si trova nella tavola 2.7 "Some Phonetic Rules of Gender Assignment in German", in Mills, A.E. 1986. *The Acquisition of Gender: A Study of English and German.* Springer editore, p. 33.

⁴⁸ La percentuale per i nomi che finiscono in *-cht* proviene dalla tavola 2.7 "Some Phonetic Rules of Gender Assignment in German", in Mills, A.E. 1986. *The Acquisition of Gender: A Study of English and German.* Springer editore, p. 33.

⁴⁹ I sostantivi che terminano con *-eur* sono tipicamente maschili se si riferiscono a una professione, un ruolo o un'attività. Per ulteriori dettagli, vedere la voce *-eur* nel capitolo sui nomi maschili.

⁵⁰ La percentuale per i nomi che finiscono in *-ur* e *-ür* proviene dalla tavola 2.7 "Some Phonetic Rules of Gender Assignment in German", in Mills, A.E. 1986. *The Acquisition of Gender: A Study of English and German.* Springer editore, p. 33.

⁵¹ Secondo una ricerca su Internet condotta a metà 2017, c'era una preferenza 6: 4 per *der Kosovo* rispetto a *das Kosovo*.

⁵² Ma curiosamente, *der Welpe* (cucciolo).

⁵³ La percentuale per I nomi che finiscono in *-ett* proviene dalla tavola 2.7 "Some Phonetic Rules of Gender Assignment in German", in Mills, A.E. 1986. *The Acquisition of Gender: A Study of English and German.* Springer editore, p. 33.

⁵⁴ La percentuale per I nomi che finiscono in *-ier* proviene dalla tavola 2.7 "Some Phonetic Rules of Gender Assignment in German", in Mills, A.E. 1986. *The Acquisition of Gender: A Study of English and German.* Springer editore, p. 33.

⁵⁵ Si può anche dire *die Foto*, perché la parola originale era *die Fotografie.*

⁵⁶ Questa ipotesi viene discussa in Köpcke, Klaus-Michael e Zubin, David A, "Sechs Prinzipien für die Genuszuweisung im Deutschen: Ein Beitrag zur natürlichen Klassifikation" in *Linguistische Berichte* 93 (1984), p. 26-50, riprodotto in Sieburg, Heinz, 1997. *Sprache – Genus/Sexus.* Peter Lang, p. 101-107.

⁵⁷ Schulte-Beckhausen, Marion. 2001. *Genusschwankung bei englischen, französischen, italienischen und spanischen Lehnwörtern im Deutschen: Eine Untersuchung auf der Grundlage deutscher Wörterbücher seit 1945.* Peter Lang editore, p. 223.

www.ingramcontent.com/pod-product-compliance
Lightning Source LLC
Chambersburg PA
CBHW030840090426
42737CB00009B/1050